A GLOBALIZAÇÃO OCIDENTAL

Controvérsia sobre a cultura planetária

A GLOBALIZAÇÃO OCIDENTAL

Controvérsia sobre a cultura planetária

Hervé Juvin e Gilles Lipovetsky

Manole

Título do original em francês: *L'Occident mondialisé – Controverse sur la culture planétaire*
Copyright © Éditions Grasset & Fasquelle, 2010.

Este livro contempla as regras do Acordo Ortográfico da Língua Portuguesa de 1990, que entrou em vigor no Brasil.

Tradução: Armando Braio Ara
        Graduado em Ciências Sociais e Jurídicas pela Faculdade de Direito da
        Universidade de São Paulo (USP)
Revisão técnica: Juremir Machado da Silva
        Pós-doutor em Ciências Sociais pela Université Paris-Descartes (Sorbonne), França
        Coordenador do Programa de Pós-graduação em Comunicação da Pontifícia
        Universidade Católica do Rio Grande do Sul (PUCRS)
Projeto gráfico e diagramação: Depto. editorial da Editora Manole
Capa: Depto. de arte da Editora Manole

Dados Internacionais de Catalogação na Publicação (CIP)
(Câmara Brasileira do Livro, SP, Brasil)

Juvin, Hervé
    A globalização ocidental : controvérsia sobre
a cultura planetária / Hervé Juvin e Gilles
Lipovetsky ; [tradução Armando Braio Ara]. --
Barueri, SP : Manole, 2012.

    Título original: L'Occident mondialisé :
controverse sur la culture planétaire.
    ISBN 978-85-204-3218-1

    1. Antropologia cultural 2. Cultura e
globalização 3. Cultura – Filosofia
4. Filosofia – Civilização e globalização
ocidental 5. Globalização – Aspectos sociais
I. Lipovetsky, Gilles. II. Título.

11-07372   CDD-306.2

Índices para catálogo sistemático:
1. Cultura e globalização : Antropologia
cultural : Sociologia 306.2

Todos os direitos reservados.
Nenhuma parte deste livro poderá ser reproduzida, por qualquer
processo, sem a permissão expressa dos editores.
É proibida a reprodução por xerox.
A Editora Manole é filiada à ABDR – Associação Brasileira de Direitos Reprográficos.

Edição brasileira – 2012

Direitos em língua portuguesa adquiridos pela:
Editora Manole Ltda.
Av. Ceci, 672 – Tamboré
06460-120 – Barueri – SP – Brasil
Fone: (11) 4196-6000
Fax: (11) 4196-6021
www.manole.com.br
info@manole.com.br

Impresso no Brasil
Printed in Brazil

Sumário

Apresentação, por Juremir Machado da Silva vii

Prefácio, por Pierre-Henri Tavoillot ix

O reino da hipercultura: cosmopolitismo e civilização ocidental,
por Gilles Lipovetsky 1

Cultura e globalização, por Hervé Juvin 69

Discussão 123

Apresentação à edição brasileira
A ocidentalização do mundo

Gilles Lipovetsky é sinônimo de análise em profundidade. Nada lhe escapa. Do luxo ao hipermoderno, passando pelas metamorfoses da cultura liberal, todos os paradoxos parecem feitos para fluir nos seus textos precisos e polissêmicos. Poucos têm essa capacidade de integrar elementos opostos com tanta harmonia e consistência. Neste livro, Lipovetsky dialoga com Hervé Juvin sobre a globalização ocidental ou a ocidentalização do mundo. A polêmica em questão diz respeito ao estatuto da globalização: fim da história ou choque de civilizações? Francis Fukuyama ou Samuel Huntington? Universalização da cultura ocidental ou ocidentalização em xeque? Uniformização planetária ou ruptura de fronteiras? Fim do Estado--Nação ou novos fechamentos?

Um grande passo foi dado. Para onde? A caminhada já começou. Estamos em marcha. Em que direção? A época do nacionalismo glorioso como unidade fechada em si mesma ficou para trás ao mesmo tempo que alguns grupos sociais ainda sonham em se constituir como nação. Os extremos convivem. A lógica da mercadoria derruba muros e fronteiras e impõe relações, por vezes, indesejadas. Cultura de mercado significa que toda cultura é mercadoria? Quando toda cultura tem valor comercial, hipótese cada vez mais em evidência, um mundo se perde. Ganha-se outro? Com vantagem? É o fim de uma concepção elitista? Triunfo de um imaginário da liberdade, do hedonismo, do entretenimento, do desejo e do gozo? O que está em jogo com a globalização econômica e cultural?

Duas vozes, dois estilos, duas visões de mundo, duas possibilidades de compreensão de um mesmo horizonte complexo e controvertido, dois intelectuais em posição de tiro: Juvin e Lipovetsky. O resultado é um painel multicolorido do fenômeno sociológico mais importante do final do século XX e deste começo do século XXI, a globalização. Com ela, um conceito se impõe: cultura-mundo. Já estamos nela? Quais as consequências disso? Os leitores encontrarão nesta obra perguntas e respostas, dados e interpretações, hipóteses e evidências. Um debate de ideias sobre ideias que fazem o mundo, este mundo cada vez mais unificado pela economia e pela cultura de mídia e cada vez menos seguro do seu amanhã. Salvo se ingressamos num presente perpétuo sem utopia nem futuro.

Juremir Machado da Silva
Pós-doutor em Ciências Sociais pela
Université Paris-Descartes (Sorbonne), França
Coordenador do Programa de Pós-graduação em Comunicação da
Pontifícia Universidade Católica do Rio Grande do Sul (PUCRS)

Prefácio

Um debate atinge a sua maturidade quando as posições mais extremas param de se opor frontalmente, procurando reconhecer o que há de convincente na argumentação contrária. Pode ser que estejamos vivendo – finalmente! – esse momento crucial em relação àquela que talvez seja a mais importante controvérsia dos últimos vinte anos: "a contenda sobre a globalização".

O desencadeamento da polêmica coincide com a queda do Muro de Berlim e com a reviravolta da visão do mundo que daí decorreu. Uma nova configuração geopolítica se sobrepõe à que existia. Passamos de um quadro estruturado por duas bipolaridades – Leste/Oeste e Norte/Sul – a um panorama mais complexo e também igualmente mais homogêneo: de repente, o Leste ziguezagueia rumo ao Oeste, e o Sul principia a emergir no Norte.

O debate geopolítico encontrou-se profundamente alterado. E convém lembrar-se da celeridade e da intensidade que caracterizaram a propagação da temática da globalização no espaço público. Logo à primeira vista, a percepção dessa mudança de paradigma viu-se emoldurada por dois grandes temas concorrentes, surgidos quase ao mesmo tempo nos escaninhos da ciência política norte-americana: a tese do "fim da história" (Francis Fukuyama, 1989) e a do "choque de civilizações" (Samuel Huntington, 1993).

O impacto dessa polêmica foi tanto que essas duas opções – apesar de defendidas por espíritos sutis, cheios de nuances e bem informados – assumiram muito rapidamente a forma de caricaturas, ou mesmo de *slogans*. Pouco importa aqui considerar o grau de fidelidade às teses desses autores, sempre dignos de ser lidos e relidos. O que importa é que foram superados pelas fórmulas, fornecendo as bases que serviriam para delimitar aquilo que viria a ser o campo de batalha da referida controvérsia.

Do lado que prega o *fim da história*, afirma-se o triunfo incontestável do Ocidente, isto é, do capitalismo e da democracia dos direitos humanos, considerados o horizonte inexcedível de nossos tempos. A partir daí, a história passa a ser vista como a convergência, mais ou menos rápida, mais ou menos cheia de solavancos, em direção a esse polo inevitável de uma globalização no estilo ocidental. Mais unidade, mais paz, mais prosperidade: todas as forças antagônicas, todos os restos de conflito são, por assim dizer, antecipadamente condenados pela implacável marcha do progresso.

Do lado do chamado *choque de civilizações*, sob a aparente homogeneidade de um mundo supostamente pacificado, pressagiam-se, ao contrário, novos conflitos. Por trás de uma unanimidade de fachada, há um formidável renascer das únicas verdadeiras entidades históricas que, por breve lapso de tempo, a Guerra Fria adormecera: as civilizações. Ocidente *versus* Islã, Ásia *versus* Europa – os antigos protagonistas estão de volta. E, com eles, ressurge a profecia, lançada por Oswald Spengler em 1917, sobre o *declínio do Ocidente*. Após o parêntese comunista, tudo parece confirmar a sua hipótese, mesmo que o nome de seu autor não seja mencionado: as civilizações constituem unidades biológicas, encerradas em si, que nascem, desenvolvem-se e morrem. Entre elas, só uma forma de relacionamento caberia: luta sem piedade nem diálogo.

Convergência contra *choque*; postura triunfal contra a obsessão do declínio. Os pontos de vista estavam bem alicerçados e deram origem a algumas consequências geopolíticas notórias. Vinte anos depois, onde estamos? Certamente, houve o 11 de setembro de 2001 e a crise de setembro de 2008 para nos lembrar de que a história não estava inteiramente concluída. Nem por isso, contudo, a globalização estagnou-se. Apesar das crises e críticas, o estilo de vida ocidental (feito de liberdade, segurança e consumismo) continua sendo objeto de cobiça e – quer em seus aspectos positivos, quer nos negativos – de imitação, sempre que possível. Aqui, por certo, trata-se de estratégias diferenciadas de modernização que se estabelecem, numa tentativa de chegar a um arranjo favorável entre esses imperativos, de um lado, e as tradições e identidades, de outro. Mas, nisso, há uma ruptura brutal, feroz e destrutiva; ou, então, uma resistência furiosa. O que vai desaparecendo? E o que (re)aparece? O que é reconfigurado? Após vinte anos de debates e sobressaltos, torna-se manifesta a necessidade de uma espécie de balanço acerca da globalização. É o que explica o desejo do Collège de Philosophie, em associação com a Eurogroup Institute, de promover uma série de reuniões de trabalho (entre novembro de 2008 e abril de 2009) sobre a questão do intercâmbio entre "cultura e globalização".

Para isso, impunha-se a escolha dos convidados. Hervé Juvin e Gilles Lipovetsky haviam acabado de publicar dois trabalhos importantes que contribuíram para reavivar o debate sobre a globalização. O primeiro publicou *La production du monde* [1]; o segundo, *La culture-monde – Réponse à une société désorientée* [2]. Lendo ambas as obras, pode-se perceber que, embora haja divergências entre dois pensadores com pontos de vista opostos, tais discordâncias não são de natureza frontal; elas deixam espaço para trocas e podem até mesmo tornar o seu confronto produtivo para o pensamento atual. Essa é a motivação desta obra. É também pouco provável que tenhamos chegado ao fim da história dessa controvérsia, que já não é um choque. Aliás, é exatamente o que o livro tenta demonstrar.

Pierre-Henri Tavoillot
http://collegedephilosophie.blogspot.com

---

1 Gallimard, 2008.

2 Escrito em colaboração com Jean Serroy, Odile Jacob, 2008. [Publicado no Brasil em 2011 sob o título *A cultura-mundo: resposta a uma sociedade desorientada*, pela Companhia das Letras.]

O reino da hipercultura: cosmopolitismo e civilização ocidental

Gilles Lipovetsky

A época em que vivemos caracteriza-se por uma onda poderosa e irresistível de unificação do mundo. Aquilo que em outros lugares se denomina globalização, é conhecido, na França, pelo termo mundialização. Trata-se de uma formidável dinâmica, que coincide com a conjunção de fenômenos econômicos (abertura de mercado, num contexto de capitalismo em escala planetária), inovações tecnológicas (as novas tecnologias da informação e da comunicação em geral) e reviravoltas geopolíticas (implosão do império soviético). Embora essa tendência à unificação do mundo não corresponda a um fenômeno de natureza recente (vivemos numa "segunda etapa da globalização") nem mesmo a uma realidade acabada, é inegável que representa uma transformação de ordem geral e profunda, tanto no que diz respeito à organização quanto no que diz respeito à percepção do nosso universo.

Todavia, constituiria um reducionismo circunscrever a globalização contemporânea ou hipermoderna a um mero conjunto de realidades geopolíticas ou técnico-comerciais. Ela também incide sobre o universo cultural, estabelecendo padrões inéditos que comportam um reposicionamento e um redimensionamento da cultura no contexto social. A globalização é também uma manifestação cultural. No atual momento, desenvolve-se e amplia-se enormemente uma cultura de "terceiro gênero" – ou seja, uma espécie de hipercultura transnacional que, em associação com Jean Serroy, pareceu-me apropriado denominar *cultura-mundo* [1].

Qual o significado de cultura-mundo? Num âmbito mais imediato, o conceito se aplica à revolução das tecnologias da informação e da comunicação, à formação de vastas redes midiáticas supranacionais, à expansão da indústria cultural, que passam a introduzir uma parcela sempre crescente dos mesmos bens num mercado globalizado. Isso só é possível mediante uma expansão considerável do setor cultural, que é assim transformado, em sua totalidade, num universo econômico, incluindo-se aí objetivos e políticas de lucro, *marketing*, trocas comerciais, semelhantes aos critérios vigentes nos demais setores da economia de mercado. Já não nos situamos na época daquele nobre reduto da cultura entendida como o mundo das ideias, mas, sim, no "capitalismo cultural", em cujo âmbito as indústrias da cultura e da comunicação se impõem como instrumentos do crescimento e forças propulsoras da economia.

Cultura-mundo designa também um contexto no qual as operações culturais desempenham um papel cada vez mais decisivo no próprio mundo dos negócios, por meio do *design*, da estética, dos modelos de toda espécie. O padrão da economia cultural é o dos "empreendimentos criativos". Ao remodelar o universo material da produção e do comércio, a cultura não é mais só uma superestrutura sublime de signos. Num contexto dessa natureza, logomarcas, objetos, moda, turismo, habitat, publicidade – tudo tende a assumir um tom cultural, estético e semiótico. Quando o fator econômico se torna elemento cultural e este penetra o conteúdo mercadológico, emerge o contexto da cultura-mundo. Isso porque esta não transcende apenas as particularidades das culturas locais, mas também as antigas dicotomias, que estabeleciam diferenças entre produção e representação, criação e indústria, alta cultura e cultura comercial, imaginário e economia, vanguarda e mercado, arte e moda.

Sem dúvida, desde o início dos tempos, verifica-se, nas sociedades tradicionais, uma "inserção" do econômico no universo cultural, num emaranhado de influências recíprocas entre base material, organização social e sistema de valores. No entanto, com o advento da cultura-mundo, essa combinação passa a realizar-se de forma estratégica, operacional e homo-

---

1   Gilles Lipovetsky e Jean Serroy, op. cit.

gênea. O mundo produtivo "real" se anuncia como cultural, enquanto o mundo da cultura pleiteia direitos econômicos.

Nesse sentido, a cultura-mundo, ou cultura em escala planetária, é aquela que põe fim às "contradições culturais do capitalismo", tão caras a Daniel Bell. Enquanto a cultura se impõe como um universo econômico completo e inteiro, o hedonismo das massas funciona como condição principal do crescimento. Não que as antinomias estruturais deixem de existir, mas estas aparecem menos explicativas das crises do capitalismo que os imperativos lógicos da superabundância, que prevalecem sobre as diversas esferas da vida coletiva. De um lado, bolhas financeiras e especulativas, lucros e ganhos recordes, crescimento brutal das matérias-primas, demasiado acúmulo dos créditos de risco, liquidez mundial superabundante, inchaço das dívidas públicas, gigantismo financeiro, irregularidades nas remunerações desmedidas. De outro, manifestações de compulsão consumista, crescimento urbano desordenado, *overdose* publicitária e informativa, saturação de redes audiovisuais e de *sites*. Cada vez mais, o excesso, o salto obsessivo em busca do futuro, a hipertrofia manifesta, eis os princípios que "regulam-desregulando" o nosso mundo, a nossa hipercultura.

Os núcleos de cultura popular e tradicional se apresentavam como fenômenos únicos e locais, ao mesmo tempo fragmentários e estáticos. Os "meios culturais sofisticados", embebidos dos padrões da vida aristocrática ou burguesa, contrapunham-se com arrogância à cultura popular. Agora, a cultura-mundo se estende pelos domínios da universalidade cosmopolita, da mudança permanente, do excesso: superabundância de informações, filmes, espetáculos audiovisuais, publicidade, música, festivais, viagens, museus, imagens, exposições, obras de arte, internet. Doravante, há tudo em profusão e de primeira qualidade, na cultura hipertrófica sempre mais acelerada, sempre à espreita de novidades, de mais informações e comunicação.

Até o presente, era a cultura que claramente traçava o ritmo da existência, que conferia sentido à vida, integrando-a num conjunto de parâmetros religiosos, regras e valores, ou seja, em sistemas simbólicos. A cultura-mundo, desenvolvendo-se às avessas dessa imemorável edificação lógica, não cessa de desorganizar nosso ser-no-mundo, as consciências e as existências. Vivemos num momento em que todos os componentes da vida – desestabilizados, privados de suas coordenadas estruturantes – se acham em crise. Igreja, família, ideologias, política, relação entre os sexos, consumo, arte, educação, não há domínio que escape ao processo de desterritorialização e de desorientação. A cultura-mundo, ou cultura em escala planetária, reduz a estilhaços todos os sistemas de referência, embaralha todas as noções de separação entre "nós" e "os outros", entre guerra e paz, entre proximidade e distância. Esvazia todos os grandes projetos coletivos de seu antigo poder de atração, revoluciona continuamente os estilos de vida e as modalidades de trabalho, bombardeia os indivíduos com informações exageradas e caóticas. Daí provém uma situação de incerteza, de desorientação inédita, generalizada, quase total. As culturas tradicionais criavam um mundo "acabado" e estruturado, que acarretava uma forte identificação de ordem coletiva e, por isso mesmo, uma afirmação identitária, permitindo resistência aos inumeráveis embates da vida. Pelo contrário, na segunda modernidade do mundo, sem o lastro dos modelos coletivos e simbólicos, vivemos num contexto de insegurança identitária e psicológica. Anteriormente, por si só, havia um elo de integração e identificação social entre todos. Doravante, o que vemos é uma fragilização crescente, bem como uma individualização incerta e ensimesmada.

Indubitavelmente, os primeiros contornos da cultura-mundo não são atuais. A ideia de cosmopolitismo foi um dos mais antigos valores concebidos pela civilização ocidental religiosa e filosófica. Contudo, o que se descortina em nossos dias é algo de natureza totalmente diversa. Não é mais um humanismo universal e abstrato, acrescido de um ideal moral e filosófico (como a Filosofia das Luzes e o seu escopo de emancipação do gênero humano), nem o internacionalismo proletário e sua aspiração revolucionária, mas um universalismo concreto e social, complexo e multidimensional, feito de realidades estruturais que se entrecruzam, se interagem, se chocam. Os seus princípios organizadores de fundo são *o mercado, o consumismo, o progresso técnico-científico, o individualismo, a indústria cultural e da comunicação*. A combinação desses cinco dispositivos, tão fundamentais quanto heterogêneos, dá origem ao modelo ideal-típico da cultura-mundo. Do mesmo modo, lógicas estruturais intentam difundir por todo o planeta uma cultura comum, objetivos e formas de consumo similares, normas e conteúdos universais, esquemas de pensamento e de ação sem fronteiras. Conquanto não tenha havido (e, provavelmente, jamais possa haver) uma unificação mundial, é inegável que o mundo seja hoje permeado e amplamente reformulado por esses dispositivos forjadores de uma cultura transnacional multipolar.

Há mais. Num plano mais antropológico, cultura-mundo significa uma nova relação vivida com o fator distância, uma intensificação da tomada de consciência do mundo como fenômeno planetário, ou seja, visto como totalidade e unidade, pelo qual a globalização constitui uma nova realidade objetiva na história, sendo ao mesmo tempo uma realidade cultural, um fenômeno da consciência, da percepção e da emoção. A irrupção das novas tecnologias, o *mass media*, a internet, a rapidez dos transportes, as catástrofes ecológicas, o fim da Guerra Fria e do império soviético, tudo isso, além de haver suscitado a "unificação" do mundo, promoveu também uma maior consciência deste, junto a novas formas de ver, viver e pensar. Algo que ocorra noutro extremo do mundo é hoje capaz de provocar, onde quer que seja, um conjunto de reflexões e temores, de ódios ou correntes de empatia. Nesse sentido, com "a compressão do tempo e do espaço" [2], com a erosão das fronteiras, a cultura-mundo corresponde a uma nova experiência das correlações entre o aqui e o ali, o nacional e o internacional, o próximo e o distante, o local e o universal. De certo modo, reduziu-se o espaço enquanto se acelerou o tempo. Ingressamos na era do espaço-tempo universal, do tempo cibernético global, embora isso, em nenhuma hipótese (convém dizer logo), signifique a supressão das distâncias culturais.

Graças ao desenvolvimento do universo midiático e do espaço cibernético, já existe a possibilidade de estar informado sobre tudo, em qualquer lugar, uma vez que os recantos mais isolados estão ligados ao global. Cada vez mais, os homens perfazem a experiência de um só mundo, no qual as interdependências, interconexões e interações se ampliam. Claro, nem todo mundo se assemelha às elites do *jet-set*, que compartilham os mesmos hábitos, consomem as mesmas marcas de luxo e sentem-se em casa nas mesmas grandes redes de hotéis internacionais. Todavia, nada impede que, concomitantemente a esse "cosmopolitismo de aeroportos internacionais", se manifeste a experiência cotidiana de um mundo unificado, mediante ameaças ecológicas, difusão "por transporte aéreo" das epidemias virais, imperativos universais do mercado, crises financeiras, migrações e diásporas, atos terroristas, grandes acontecimentos mundiais (Olimpíadas, Copas do Mundo, morte de Michael Jackson): fenômenos que desconhecem fronteiras e são percebidos desse modo. De onde se segue que a cultura-mundo favorece novas formas de vida transnacionais e o sentimento crescente de estarmos vivendo num mesmo contexto globalizado.

---

2   Identificamos aí a fórmula de David Harvey, que, desde então, tornou-se clássica: *The Condition of Postmodernity*, Blackwell, 1990. [Publicado no Brasil em 1992 sob o título *Condição pós-moderna*, pela Loyola.]

Enfim, a cultura-mundo consagra duas grandes ideologias ou correntes de pensamento de fundo cosmopolita: a ecologia e os direitos humanos. De um lado, a nossa época presencia a proliferação das declarações, legislações e compromissos de ordem internacional, tudo pela proteção do meio ambiente e do desenvolvimento sustentável. À antiga ânsia de produção indiscriminada contrapõe-se agora o imperativo de um tecnicismo comedido e ecológico, que leva em conta a dimensão do planeta como um todo, em nome de toda a humanidade e de seu futuro. De outro, impõe-se como valor central a ideologia universal dos direitos humanos, com a diferença de que, na primeira modernidade, eles eram secundários em relação aos valores nacionais ou revolucionários. Essa nova consagração se exprime especialmente na escalada dos movimentos humanitários e das ONGs transnacionais, cujo poder de intervenção e capacidade de atuação não cessam de crescer. Essas organizações de dimensão internacional que defendem causas humanitárias desconhecem as barreiras das nações e ilustram a expressão altruística e desinteressada da cultura-mundo universalista.

Conforme vimos, a cultura-mundo suscita as questões relativas à nova configuração do espaço-tempo, da expansão universal do capitalismo, dos valores da sociedade de consumo, da consagração dos direitos do indivíduo e da ecologia. Contudo, expõe também o delicado problema do destino cultural de nosso mundo, ou – numa linguagem mais direta – daquilo que denominamos às vezes *ocidentalização do mundo*. Enfim, cultura-mundo significaria uniformização planetária sob a égide dos princípios e valores ocidentais, ou, efetivamente, uma "reinvenção da diferença" cultural, no contexto de um mundo técnico-comercial? De um lado, ergue-se o espectro do imperialismo ocidental/norte-americano e do fim da história, visto como definitivo triunfo dos valores liberais. De outro, constatamos a reabilitação e o recrudescimento das etnias, dos conflitos e particularismos identitários. Do que emerge a questão de saber se a modernização do último período equivaleria a uma convergência de culturas e de nações ou a um choque de civilizações.

Tais perguntas são ainda mais relevantes pelo fato de que duas novidades são responsáveis por lançar um imenso desafio às pretensões da civilização ocidental. Primeiramente, a crise do meio ambiente e o aquecimento global induzem alguns a reiterar a impossibilidade da universalização do modo de vida ocidental, baseado na produtividade e no consumismo desenfreado. Em segundo lugar, a segunda globalização se une à crítica do etnocentrismo, com o recuo da hegemonia ocidental e o reavivar étnico no interior das respectivas nações, mas também com o descrédito dos valores ocidentais e com a denúncia das agressões econômicas e culturais. Em suas formas mais extremas, a crítica da prepotência imperialista coloca a universalidade do Século das Luzes como uma simples particularidade ocidental. É nesse novo contexto internacional multipolar que se propaga a ideia de "múltiplas modernidades". Como entender, porém, exatamente essa problemática?

Partindo da afirmação de que a modernidade se concretiza de fato sob variadas formas – por meio do direito, da organização econômica, das culturas políticas nacionais –, a tese das múltiplas modernidades é pouco contestável. O universalismo moderno nunca deixou de fato de produzir, inclusive nos países europeus, dispositivos particulares em função das diversas culturas e histórias. E isso se acentua visivelmente nos dias de hoje pelo impulso da modernização de culturas não ocidentais. No entanto, partindo da afirmação de que existem gêneros de modernidade que escapam aos princípios constitutivos do mundo ocidental moderno, a tese passa a ser eminentemente discutível, no sentido de que supervaloriza fatores de natureza política, cultural e religiosa em detrimento de outras estruturas de peso relevante (economia, ciência, técnica, educação, individualização). Na verdade, o processo de modernização segue, por toda parte, as mesmas vias estruturais. Eis por que parece mais apropriado falar em "pluralidade de modernidades" do que em "múltiplas modernidades" [3]. Embora a ocidentalização pelo sistema antigo (colonialismo) tenha ficado ultrapassada, não cabe dizer o mesmo acerca do correlato "projeto" histórico fundamental e dos dispositivos centrais universalistas dos quais este se reveste. Cumpre perguntar: a globalização corresponderá àquilo que põe termo à dinâmica ocidental criadora da modernidade, fazendo-a tomar uma aparência de elemento "provinciano"? O texto seguinte não se alinha com esse ponto de vista. Não obstante a reativação das identidades nacionais, o que se apresenta hoje não é tanto uma "modernidade miscigenada", mas uma hipermodernidade em escala mundial, uma modernização hiperbólica, transformada por exigências identitárias e ecológicas. Nessa perspectiva, qualquer que seja a tensão atual das idiossincrasias culturais e o jogo de influências que se entrecruzam, as

---

3   Ver Shmuel Eisenstadt, "Multiple Modernities", *Daedalus*, vol. 129 (I), 2000, bem como a análise crítica feita por Volker Schmidt, "Multiple modernities or varieties of modernity?", *Current Sociology*, vol. 54 (I), 2006.

8 A GLOBALIZAÇÃO OCIDENTAL

identidades nacionais não terão força suficiente para entravar o movimento de convergência planetário, a difusão das instituições e dos processos de uma única modernidade, sempre tendo em vista a ressalva de que a convergência progressiva das sociedades não significa a semelhança entre elas.

O mercado como cultura global

A cultura-mundo designa o momento em que o capitalismo se propagou por todas as partes do mundo, isto é, quando o sistema de mercado se espalhou pela Terra e todas as nações se engajaram no caminho das privatizações e da desregulamentação econômico-financeira. O capitalismo, que "fez a sua irrupção na civilização ocidental, e unicamente nesta" (Max Weber), generalizou-se. Por todo lado, passou a reinar o sistema do capitalismo globalizado e do mundo das finanças, uma forma de hipercapitalismo desenfreado cujo alto preço pagamos hoje. Claro, a crise mundial que atravessamos (a qual reintroduz o Estado ao primeiro plano no cenário econômico) acarretará novas medidas de regulamentação, de tal modo que alguns chegaram a anunciar uma inevitável ruptura com o paradigma do "turbilhão capitalista", extremado e caótico. Todavia, não nos precipitemos vaticinando rápido demais a morte do hipercapitalismo. Desde a dissolução do bloco do Leste Europeu, e pela primeira vez na história, o mercado ficou, de fato, sem uma alternativa verdadeira, sem nenhum modelo de substituição viável. Certamente, a nossa época está à espera de um novo equilíbrio entre o Estado e o mercado, de uma forma de governabilidade política da globalização, de maior prudência e equilíbrio na esfera financeira, de uma forma de desenvolvimento que resguarde o meio ambiente. No entanto, longe estamos da certeza de que isso possa coibir a competição desenfreada entre as empresas, a febre especulativa ou os excessos de irracionalidade do mercado [4].

Não é só isso. O triunfo das forças de mercado não tem caráter apenas econômico, ele também é cultural. Tais forças se tornaram o eixo estrutural da maior parte de nossas organizações, o padrão geral das atividades e da vida social, ganhando o imaginário coletivo e individual, os modos de pensar, os objetivos da existência, as conexões com a cultura, o esporte, a

---

4 Até o presente, não veio à tona nenhuma reforma de fundo dos critérios de regulamentação bancária capaz de prevenir a emergência das situações de risco impensado, bem como as derivas do capitalismo financeiro.

arte e a educação. Embora há muito tempo o capitalismo houvesse engendrado uma cultura – isto é, um sistema de normas e valores –, até então esse modelo achava-se delimitado, tolhido e circunscrito por uma série de dispositivos (Igreja, Socialismo, Estado republicano, Nação, Arte, Escola, culturas de classe) que constituíam obstáculos para a legitimação universal e global do sistema de mercado, ou seja, para o advento de uma sociedade de mercado. Tudo se transformou: por mais que essas instituições perdurem, já não conseguem efetivamente atuar como uma oposição à ordem hegemônica do sistema de mercado. Este se afigura doravante como uma das "expressões imaginárias fundamentais" do mundo contemporâneo (Castoriadis), estabelecendo-se como uma forma de cultura sem fronteiras, um sistema de referência dominante, uma nova forma generalizada de viver, de se relacionar, de se projetar, de agir. No mundo atual, tudo é concebido em termos de competitividade e de negócios[5], de lucro e desempenho profissional, de aprimoramento dos resultados ao menor custo, de maior eficácia e aumento dos ganhos reais. É por meio da universalização desse modelo imaginário-social que o hipercapitalismo aparece, paralelamente à sua globalização, sob a forma de uma cultura-mundo.

Diferentes teóricos desenvolvem a tese segundo a qual a expansão da sociedade de consumo significaria a destruição dos sistemas simbólicos, em benefício exclusivo da lógica de gestão empresarial e do indivíduo calculista. Assim, teria início uma nova era "niilista", caracterizada pela dissolução do componente cultural do mundo e por uma dinâmica estritamente voltada para a valorização da *performance* individual, esvaziada de ideais, de projetos e de valores humanistas. Subsistiria apenas o culto ao dinheiro, a obsessão da competitividade pela competitividade, sem nenhuma resposta aos "porquês". Carência de simbolismos? Seguramente, podemos lamentar o "totalitarismo" econômico contemporâneo. Contudo, o fenômeno não é tanto sinônimo de fim da visão simbólica das coisas quanto do aparecimento de uma nova ordem simbólica, em essência única e de amplitude mundial. Não se trata de um surto contrário à civilização ou de um viés oposto à cultura, mas da eclosão de uma nova cultura – uma cultura-mundo que, por sua vez, origina significações culturais, normas, mitos. Outrora a religião e os vínculos de parentesco constituíam instâncias de produção simbólica;

---

5   No momento em que se desenrola o *ranking* mundial de Xangai, as próprias universidades aparecem incluídas no rol dos integrantes da competição internacional.

10 A GLOBALIZAÇÃO OCIDENTAL

agora é o mercado que já não pode ser reduzido a um sistema neutro de intercâmbios comerciais. Segundo escreve Marshall Sahlins, "o caráter específico da sociedade burguesa não consiste no fato de a determinação simbólica passar despercebida ao sistema econômico, e sim no fato de que o simbolismo econômico se tornou estruturalmente determinante" [6].

A cultura do negócio triunfa por todo lado, exibindo-se na mídia, atraindo os desejos e as aspirações. No reino da cultura-mundo do hipercapitalismo, ter êxito equivale a ganhar dinheiro, ficar famoso, ser um *winner*. Eis por que os políticos deixaram de ser considerados modelos e foram destronados pelas celebridades do momento. Numa rapidez impressionante, os valores que se contrapunham ao fator econômico (que representavam um contrapeso ao reino do mercado) vieram abaixo. As esquerdas no poder, em grande medida, passaram a adotar os princípios do liberalismo econômico universal. Também as empresas da administração pública passaram a ser geridas segundo métodos e critérios provenientes do setor privado. Quanto à escola, já não tem como missão preponderante inculcar valores morais, republicanos ou patrióticos – ela simplesmente desempenha a sua função de prestadora de serviços para consumidores exigentes e críticos, que deliberam entre a escolha dos colégios particulares ou públicos. Foi-se o tempo em que o estudo das humanidades atraía as elites; atualmente as escolas de comércio é que desempenham esse papel. O luxo está na ordem do dia; dinheiro, fortunas e transações comerciais ostentam-se desinibidamente até nas atividades esportivas. A era hipermoderna promove a união íntima entre finanças e esporte, o qual tende a se tornar, por inteiro, um setor da economia. Aqui, igualmente, o esporte-negócio derrubou o velho ideal da atividade esportiva desinteressada.

Foi graças à derrocada do império soviético que a cultura-mundo, sob o signo de um liberalismo planetário, sem fronteiras, alçou voo. Isso equivale a dizer que não foi "naturalmente" nem por causas fortuitas que triunfou. Pelo contrário, delineou-se como um projeto normativo, uma ideologia universal, ou seja, como uma espécie de revolução encarregada de trazer ao mundo crescimento, paz, bem-estar, por meio dos bens obtidos pela excelência do sistema de mercado e da livre concorrência, sem as

---

6   Marshall Sahlins, *Au coeur des sociétés. Raison utilitaire et raison culturelle*, Gallimard, 1976, p. 262. [Publicado no Brasil em 2003 sob o título *Cultura e razão prática*, pela Zahar.]

amarras da regulamentação estatal. Opondo-se às políticas de inspiração keynesiana, os governos e as grandes instituições econômicas internacionais empenharam-se, no mundo inteiro, em fazer triunfar programas de privatização, de liberalização dos mercados, de derrubada das medidas protecionistas, inclusive nos países em desenvolvimento. Por isso tudo, o capitalismo globalizado não é só um fenômeno econômico fundado numa abordagem "racional" da matéria. É também um fenômeno cultural, oriundo de um projeto ideológico, de uma visão do mundo, de um mito – autorregulamentação das forças do mercado, maximização dos lucros de todos os agentes econômicos envolvidos numa operação financeira –, de uma doutrina, cujas ideias-mestras foram indistintamente aplicadas em todas as partes, sem levar em conta as especificidades de cada país.

Todavia, aquilo que deveria liberar a sociedade de seus antigos entraves acabou criando uma ordem econômica sobre a qual os homens quase não têm ação, ou seja, uma economia incontrolável e caótica, na qual o espaço de atuação do Estado é cada vez mais reduzido, circunscrito pelos mecanismos da competição internacional. A cultura-mundo professa um culto à liberdade e à responsabilidade dos agentes econômicos, mas o mundo que ela organiza funciona como um sistema anônimo, dotado de uma necessidade implacável, que reside em exercer a hegemonia dos critérios de rentabilidade e desempenho econômico. De forma concomitante, a cultura--mundo, que teoricamente deveria ser o instrumento para a prosperidade, está na origem de desigualdades extremas, do desemprego em massa, da desqualificação profissional. O cosmopolitismo clássico era uma questão de consciência, de escolha ideológica, de voluntarismo ético e político, pois veiculava uma cultura de emancipação. Já o mesmo não acontece com a cultura-mundo do hipercapitalismo. Esta irrompe como uma ameaça, como algo a que nos submetemos por uma fatalidade, uma forma de coerção, impondo ditames de adaptação e de flexibilidade, de competitividade e de modernização, como verdadeiros imperativos para não sermos excluídos da arena mundial. Em suma: "globalizar-se" ou desaparecer. Todos estão sujeitos ao mesmo dilema: passamos de uma forma de capitalismo livre e voluntária a um cosmopolitismo inelutável, direcionado para o objetivo da sobrevivência econômica. A bem dizer, em vez de um engajamento livre do cidadão livre, verifica-se uma "globalização sob pressão".

É precisamente quando os grandes problemas econômicos do mundo escapam ao poder do Estado-Nação que se afirma a temática do "sistema de governo cosmopolita". Daí a judiciosa observação de Pierre Hassner: "Quanto mais o mundo parece ingovernável e imprevisível, tanto mais os conceitos de governabilidade e responsabilidade moral fazem sucesso" [7]. A partir daí, a pergunta consiste em saber até que medida, em decorrência do desastre atrelado à superabundância do crédito de consumo, a cultura--mundo estaria diretamente em condições de sair desse estado de ingovernabilidade sistemática, associada ao domínio descentralizado dos organismos de mercado. Quando manifestamos a imperiosa necessidade de regulamentar, "refundar", "moralizar" o sistema de universalização de mercado, qual configuração da cultura-mundo estaria a caminho de ser traçada? É significativo, no momento, registrar que essa grande crise da era da globalização aparece conjugada com a rejeição do protecionismo e do nacionalismo econômico. O que se almeja é a instauração, em âmbito mundial, de novas regras capazes de amenizar o ímpeto capitalista, reintroduzir mecanismos de confiança, assegurar a estabilidade bancária, promover o saneamento dos mercados financeiros, a restauração das instituições financeiras internacionais. Um eventual retorno da economia estatizada ou da planificação central jamais figura na agenda de nenhuma grande nação da atualidade; em certo sentido, a crise da cultura-mundo liberal indica o seu triunfo, na medida em que nenhuma nação importante pleiteia a sua erradicação. Compete-nos preservar a cultura-mundo, salvaguardando-a de si mesma, estabelecendo novas regras que assegurem o seu progresso duradouro. O imperativo é o de regulamentar essa globalização de mercado, mas isso não significa dirigir o curso do mundo, exercendo, de alto a baixo, alguma forma de controle sobre a economia globalizada. O propósito é outro: construir diques capazes de estancar extravasamentos suicidas, hipertrofias financeiras, bolhas especulativas, e, com isso, cercear uma economia globalizada vítima de autofagia, ou seja, impedir que se autodestrua. Nessas condições, à vista do poderio discricionário das forças de mercado, com a sua dinâmica da rentabilidade pela rentabilidade, da competição direcionada impondo-se à revelia das vontades individuais, a cultura-mundo está bem distante do fim de seu percurso.

---

7 "De la crise d'une discipline à celle d'une époque". In Marie-Claude Smouts, *Les nouvelles relations internationales. Pratiques et théories*, Presses de Sciences-Po, 1999, p. 377. [Publicado no Brasil em 2004 sob o título *As novas relações internacionais: práticas e teorias*, pela Unb.]

Arte-negócio

Também o universo da arte contemporânea ilustra, de maneira gritante, o triunfo da cultura-mundo, isto é, de um mundo e de uma cultura transformados em elementos do sistema de mercado. Ao menos desde Andy Warhol (que não hesitava em declarar, em alto e bom som, que era um *business artist*), o modelo do artista rebelde, daquele que rejeita as normas de vida burguesa, é coisa do passado. O mundo atual já não é o da busca da glória imortal. Pelo contrário, é o do triunfo imediato, da procura das celebridades midiáticas e do êxito nos negócios. A ambição revolucionária cedeu terreno às estratégias da ascensão social, à fama dos jovens artistas. Doravante, estes não demonstram a menor reticência em recorrer aos métodos de propaganda para edificar a própria imagem, trabalhando para as empresas e a publicidade num contexto em que as fronteiras entre a arte e a moda, entre a vanguarda e o empenho comercial, não cessam de ruir.

Acabou-se a cultura "sacrificial" dos movimentos de vanguarda com a sua respectiva aversão aos valores estabelecidos: hoje, o ideal está em aparecer na mídia, exibir-se nas exposições e bienais por todo o mundo, figurar no *Kunst Kompass**. O valor de uma obra não é mais fundamentalmente dado pela espontaneidade da manifestação estética ou por seu radicalismo intrínseco. Hoje, em primeiro lugar, a obra é medida pelo seu valor comercial; é o mercado que faz o artista. Além do mais, é o valor comercial das obras que as coloca em destaque na mídia. É algo que se tornou um acontecimento, uma façanha sensacionalista, um sinal de prestígio na mesma proporção dos recordes astronômicos obtidos pelos *blockbusters*. Nesse sentido, por exemplo, Damien Hirst é apresentado mais frequentemente pela imprensa como "o artista vivo mais caro do mundo" do que como o idealizador de um estilo. Enquanto as obras contemporâneas – cujo preço às vezes beira o de grandes obras consagradas pelos séculos – são tidas, muitas vezes, como mercadorias de alto investimento e de arrojadas operações especulativas, importa lembrar que Damien Hirst, no ano de 2008, promoveu leilões destinados à venda de 223 obras recentes, saídas diretamente de seu ateliê, sem recorrer à intermediação de uma galeria. Após a arte subversiva, o ciclo da arte-negócio.

---

* N.T.: Lista dos cem "melhores" artistas contemporâneos, publicada a partir de 1970 pela revista alemã *Capital*.

Foi nesse contexto que uma nova etapa da internacionalização do mercado de arte ganhou terreno. O antigo sistema "artesanal" e nacional cedeu lugar a um mercado globalizado, centrado num duopólio de sociedades de vendas em leilões (Christie's e Sotheby's) estabelecidas em toda parte, assim como nas exposições e bienais de vários países, com a participação de megacolecionadores e um reduzido número de galerias selecionadas. Caracterizado por uma pluralidade de transações, por investimentos maciços, pelo brutal aumento dos preços, pelas apostas financeiras, o mercado de arte contemporâneo cada vez mais se apresenta como um mercado especulativo mundial, com uma expansão sem precedentes: passou de 27,7 bilhões de euros, em 2002, para 43,3 bilhões em 2006. Embora o epicentro desse mercado seja Nova York, atualmente a arte moderna e contemporânea tem ampla difusão na China, na Índia, na Indonésia, em Dubai. Assim, enquanto as multinacionais dos consórcios de leilões promovem vendas de arte russa, chinesa e indiana, as nações asiáticas intervêm de forma maciça no mercado, seja comprando obras chinesas contemporâneas, seja comprando Rothko ou Warhol. O mercado chinês já corresponde a um terço do comércio mundial, logo depois de Nova York e Londres. Em 2007, a China representava 24% do mercado de arte contemporânea, sendo que, dentre os 25 artistas mais bem cotados no mundo, a metade era composta de chineses. Em 2008, Zhang Xiaogang era o segundo colocado, logo depois de Jeff Koons.

A internacionalização hipermoderna da arte também encontra guarida nos indivíduos que tomam as decisões institucionais cosmopolitas (especialistas dos grandes consórcios de leilões, representantes de exposições, curadores de museus famosos), assim como nas galerias em rede, que se empenham em transformar jovens artistas em grandes astros, por meio de verdadeiras estratégias de comunicação e de *marketing*, cuja meta consiste em incrementar o valor financeiro da obra. O sistema de ranqueamento, com suas notas prestigiosas e suas cotações internacionais, infiltrou-se até no universo da arte: hoje, as revistas publicam a relação dos 100 artistas internacionais contemporâneos mais bem cotados. Doravante, para obter "reconhecimento", é preciso estar integrado às redes do mercado internacional. Fora desse circuito, ninguém se salva. Mediante a concessão do *status* de estrela a um número muito limitado de artistas, a arte internacional hipermoderna não foge às injunções da moda, bem como a uma nova forma de academicismo. Em síntese, enquanto a maioria dos artistas se encontra marginalizada, invariavelmente os mesmos nomes aparecem sob o holofote midiático, expostos nos grandes museus de arte contemporânea do mundo. Já não são, portanto, unicamente as marcas comerciais que comprovam o triunfo da cultura-mundo dos negócios, da imagem e das celebridades. Também a arte está integrada a esse universo, um mercado de arte cada vez mais próximo de uma indústria de luxo, consagrando a era do dinheiro-rei, com os respectivos excessos e fenômenos da moda, seus lucros desmedidos e seu artificialismo notório.

Se, de um lado, a globalização da arte é caracterizada por uma forte concentração no mercado, de outro, também se manifesta por uma diversificação cultural da oferta, abrindo-se agora para os artistas não ocidentais. Europa e Estados Unidos já não detêm o monopólio da criação contemporânea, isto é, o Ocidente deixou de ser o único elemento balizador, responsável pela cotação de valores e pela consagração artística. Em exposição nos grandes museus e bienais de todo o mundo, algumas obras de artistas orientais contemporâneos chegam a alcançar cifras astronômicas. São artistas que, livres das primeiras imposições da vanguarda, revisitam o seu passado cultural, encontrando inspiração num diálogo entre modernidade e tradição não ocidentais. Em vista disso, seria errado supor que esse multiculturalismo significa uma espécie de retrocesso do regime artístico do Ocidente moderno e contemporâneo. Ao contrário, é exatamente a sua universalização que está em curso. De fato, nos dias atuais, todos os artistas do mundo desempenham esse mesmo jogo da arte "moderna", com seus imperativos comerciais e midiáticos, seus critérios de autenticidade, originalidade e renovação, de experimentação e de "indefinição". A cultura do hibridismo é precisamente um dos componentes da arte, nesse momento da cultura-mundo. Em todo caso, não é tanto a dinâmica desse hibridismo que proporciona a sua "lei" e a sua posição na sociedade, quanto o *ethos* modernista, individualista, midiático e comercial, impulsionado pelo mundo ocidental esvaziado de mitos. Ainda que o conteúdo das obras venha a receber, por exemplo, a influência oriental ou africana, tanto a forma como a problemática estética, a articulação com a sociedade e a economia do comércio fluem no regime hipertrofiado, nas estruturas legadas pela modernidade ocidental.

É claro que os vínculos do mundo da arte com o mundo econômico nada têm de efetivamente novo. Contudo, entramos numa nova etapa. Agora, na cultura-mundo, o conluio entre arte e dinheiro é total, chegando às raias do paroxismo. Desde o século XIX, o universo moderno da cultura foi concebido em torno da manifesta oposição entre a alta cultura e a cultura de massa, entre a cultura "pura" e a cultura comercial, entre arte e sistema de mercado. De um lado, uma forma de cultura baseada na curta duração dos produtos, no *marketing* – portanto, uma cultura regida pelas leis gerais da economia. De outro, a arte e a literatura de vanguarda que obedecem a lógicas opostas, ou seja, a uma espécie de processo antieconômico (valorização do sentido de abnegação, desdém e ojeriza ao caráter comercial). Essa dicotomia radical desaparece a olhos vistos em meio a uma autêntica profusão de redes financeiras, de *marketing* e de comercialização generalizada. Na atualidade, a porção "romântica" da arte, isto é, aquilo que se afirmava como realidade autônoma e antagônica em relação aos valores de ordem econômica, eclipsou-se. A bem dizer, o universo da cultura cessou de ser um reduto isolado do mundo, um mundo à parte, "um império incrustado num império". Em vez disso, passou a ser estruturado pelas próprias leis que regem o sistema midiático e econômico dominante.

Isso não se aplica somente aos artistas e às galerias de arte, mas também aos museus, que passaram a ser geridos como empresas, atraindo "em massa" os clientes, instaurando mecanismos de *marketing* e técnicas de comunicação. Depois da utopia cultural, é a vez do museu visto como empresa cultural, enquanto conjuga lógica artística e lógica de gestão, adotando os mesmos métodos em uso nas empresas, voltados para o lucro. Por isso, a fim de incrementar os seus recursos próprios, os museus agregam serviços de restaurante, livrarias e lojas, comercializam produtos, alugam os seus espaços a empresas privadas para jantares de gala e filmagens, criam *sites* para fins comerciais, desenvolvem políticas internacionais de "expansão cultural", inauguram novos serviços culturais (concertos, cinematecas, viagens culturais, espetáculos, festivais). Investem no cinema: o Museu do Louvre coproduzirá três filmes de ficção. Um sem-número de exposições é organizado em face da exigência de resultados financeiros e de retorno nos investimentos.

Enquanto se desenvolve a curva ascendente do negócio-museu, trata-se, para os próprios museus, de promover "incursões" turísticas importantes, contribuir com o progresso urbano, não se opor à reconversão de regiões industriais (Bilbao e o Museu Guggenheim de Frank Gehry), além de impulsionar o turismo cultural que, na França, corresponde já a mais de 10% do setor. Daí a multiplicação dos museus nas cidades grandes e médias, numa espécie de intumescimento da cultura de museu, típica da cultura *hiper* de mercado, de valorização da imagem e de consumo cultural. A fim de intensificar os fluxos turísticos e promover a boa imagem das cidades, os novos museus são frequentemente concebidos como "atrações arquitetônicas", pois trazem as assinaturas de estrelas internacionais (Zaha Hadid, Rem Koolhaas, Christian de Portzamparc, Jean Nouvel...). São museus--espetáculos, onde a arquitetura constitui o atrativo, algo que chama mais a atenção do que as obras apresentadas. No momento da hipercultura de mercado, o desenvolvimento econômico-turístico se impõe como uma das grandes missões que voltaram a ser atribuídas aos museus.

Não obstante, estamos apenas no início desse processo de transformação da cultura em atividade comercial. Em 2008, o Museu Picasso alugou 195 obras do mestre, que foram expostas na ala central do Emirates Palace de Abu Dhabi. Essa exposição representou um ganho de algo em torno de 15 milhões de euros, o que permitiu financiar o canteiro de obras de restauração do museu parisiense. A isso devemos acrescentar o projeto de criar museus internacionais como franquias, multinacionais da arte inspiradas no modelo das grandes empresas. Assim, por exemplo, o museu de Bilbao é um museu-franquia que porta a marca Guggenheim. Desde 2001, o Museu Hermitage, de São Petersburgo, em parceria com a Fundação Guggenheim, criou uma sucursal, concebida por Koolhaas, num hotel-cassino de Las Vegas, onde são expostas obras provenientes das coleções dos dois museus. Esse mesmo célebre museu acaba de abrir uma sede permanente em Amsterdã, num espaço de 9.000 metros quadrados. Em 2012, será aberta uma sucursal do Louvre em Abu Dhabi. Nesse caso, em contrapartida pela utilização do nome do Louvre, pela organização de exposições e pelo empréstimo de obras, o projeto deverá granjear para o Tesouro Nacional francês aproximadamente 1 bilhão de dólares. Estamos num período de políticas de licenciamento, museus-satélites, museus de arte funcionando como uma marca, passível de venda, compra e exportação. Outrora o universo da grande arte se manifestava como um universo à parte, munido de leis próprias, normas específicas, em habitual oposição ao mundo mercantilista. Hoje tornou-se um dos continentes do mundo hipermercantil globalizado.

O planeta-consumo

Quando falamos sobre a cultura-mundo, temos em vista uma forma de cultura sem fronteiras, que nada mais é do que o consumo mercantil sem medida. Estamos em presença de uma cultura de hiperconsumismo, alicerçada numa economia de inspiração pós-fordiana, cujos principais vetores são a multiplicidade de escalas e opções, a hipersegmentação dos instrumentos de mercado, a aceleração do ritmo de lançamento de novos produtos, a proliferação da variedade e a protuberância midiática. Eis uma nova economia de consumo que desempenha a função de *hiper* em todas as coisas: sempre mais gigantesca (hipermercados e centros comerciais de extensão descomunal); sempre mais rápida (comércio *on-line*); sempre mais créditos fáceis e endividamento familiar[8] (acarretando esses efeitos calamitosos, como é o caso da recessão mundial, desencadeada a partir da crise dos *subprimes*); sempre mais marcas de alta qualidade, dispêndios em produtos de luxo[9]; em termos mais genéricos, objetos, modas, viagens, músicas, jogos, parques temáticos, além de comunicação, imagens, obras de arte, filmes, séries de TV.

Cada vez mais se consomem serviços. Em toda parte, nos hipermercados e nos shopping centers, nos cinemas, nas estações de trem, nos aeroportos, nas vias de acesso ao metrô. Cada vez mais aos domingos, à noite, em toda hora e lugar: uma dinâmica levada ao extremo pela revolução do comércio virtual. Enquanto as festividades religiosas se metamorfoseiam em festivais de compra, ou viram orgias de consumo, todos os antigos contornos que delimitavam o fator espaço-temporal do consumo tendem a desaparecer. Hoje, a maioria de nossas permutas passou a ser tarifada, e nossas experiências se acham implicadas numa relação comercial. Por toda parte se expande o reino da escolha individual, o império das marcas e das encomendas comerciais. É o momento da comercialização quase integral de tudo – não apenas de objetos, como também da cultura, da arte, do tempo, da comunicação, da procriação, da vida e da morte. O capitalismo do hiperconsumo destaca-se por essa protuberância da esfera mercantil, associada a uma formidável expansão da lógica consumista da escolha individual, doravante presente em todos os domínios da vida.

---

8 Entre 2001 e 2006, o nível de endividamento dos lares norte-americanos passou de 100 para 120% da receita anual disponível. Calcula-se que o endividamento total líquido dos lares norte-americanos, hoje, seja da ordem de 110% do PIB.

9 O faturamento mundial proveniente de produtos de luxo passou de 90 bilhões de euros, no ano 2000, para 170 ou 180 bilhões de euros, em 2008.

Em nossos países, está encerrado o ciclo do capitalismo de produção; entra em cena, agora, o capitalismo do hiperconsumo dos lares, que passa a constituir a grande alavanca do crescimento. De fato, em 2008, ele representava 71% do PIB norte-americano. Decerto não é todo o planeta que se movimenta ao compasso do consumo exagerado. Não é preciso ir muito longe: metade da população do globo subsiste com dois euros por dia[10]. Em 2030, a defasagem de nível de vida entre os Estados Unidos e a Índia ainda estará na proporção de 1 para 10; de 1 para 5, em relação à China; de 1 para 6, em relação ao Brasil. Desde já, entretanto, e em toda parte, as classes médias esperam o dia em que terão um estilo de vida consumista, com poder de decisão sobre seus gastos. Atualmente, na Índia, a classe média (aquela que detém os meios para comprar um grande número de bens duráveis) abrange 150 milhões de pessoas. Na China, calcula-se que haja em torno de 100 milhões de pessoas nessa condição. Segundo o escritório McKinsey, de hoje até 2025, é possível que essa proporção se multiplique por cinco.

Seja como for, a abundância do consumo ocidental representa um sonho para quase todos os homens, erigindo-se como uma aspiração generalizada, um ideal de vida de dimensão universal. Em nossos países, até os mais desprovidos de recursos interiorizaram os valores consumistas e tornaram-se mais ou menos hiperconsumidores, particularmente de imagens e mídias. É claro, no mundo de pós-crise que se delineia, os Estados Unidos deverão reaprender a economizar. No entanto, a China – para citar um só caso –, se pretende ficar menos sujeita às vicissitudes do mercado mundial, mais cedo ou mais tarde deverá estimular a sua demanda interna e estabelecer, por sua vez, um capitalismo de consumo.

Fazendo um registro da padronização crescente dos modos de vida e da globalização do consumo, François Jullien contesta a ideia de que a cultura-mundo comercial dependa da cultura universal, alegando que a racionalidade daquela teria fundamento não no *dever-ser* e numa necessidade de princípio, mas exclusivamente na lógica econômica. Desse ponto de vista, estaríamos na presença de uma "pseudouniversalização". O universo do consumo simplesmente projetaria o reino da uniformidade, da semelhança, do estereótipo em escala planetária, sem nenhum fundamento de razão:

---

10 Do total de 2,5 bilhões de habitantes que povoam a China e a Índia, mais de 50% vivem com menos de dois dólares por dia.

simples questão de conveniência, não constituindo de forma alguma uma prescrição válida como princípio e lei universal[11].

Por certo, é sempre proveitoso empenhar-se em esclarecer os conceitos e assinalar de modo especial as diferenças entre o universal e a uniformidade. Contudo, no caso presente, pode-se negar à dinâmica consumista todo e qualquer atributo de universalidade? Na medida em que essa dinâmica possibilita a melhoria das condições de vida, o bem-estar material e a "busca da felicidade", então uma parcela da ordem consumista ressalta uma norma do direito universal, podendo invocar para si uma forma de legitimidade carregada de essência moral: trata-se de algo relativo ao melhor-viver material de todos os homens. Não obstante as derivas e os excessos inegáveis do consumismo hipermoderno, seria um reducionismo limitá-lo a uma lógica econômica e funcional: o seu mecanismo de funcionamento é sustentado por uma legitimidade de fundo. Nesse sentido, cumpre rechaçar a ideia segundo a qual a uniformização de mercado relativa aos modos de vida representaria "uma cópia pervertida do universal"[12]. Num mundo secularizado, o melhor-viver e o aperfeiçoamento da saúde, que favorecem a ascensão social, se impõem como direitos humanos, imperativos da razão, horizonte autenticamente universal das sociedades, e não apenas como um princípio regulador da ordem econômica.

Mas, se existe, apesar de tudo, uma dimensão moral no consumismo hipermoderno, também há algo de anárquico, de desarrazoado, de profundamente irresponsável, haja vista até que ponto o modo de viver daí derivado se mostra devastador do meio ambiente e impróprio para uma aplicação generalizada ao mundo inteiro. Se os quase seis bilhões de humanos vivessem como os habitantes dos países ricos, seriam necessários vários planetas para prover as necessidades de todos. Nesse contexto, a época atual pressupõe profundas transformações: menor desperdício, enormes investimentos em energia renovável, uma ecologia industrial e um consumo ecológico. Como sabemos, todas essas transformações se fazem necessárias. Mas, em sociedades caracterizadas pela inovação permanente e pelo individualismo extremado, há mais chances de ser posto em prática um *hiperconsumismo*

---

11 François Jullien, *De l'universel, de l'uniforme, du commun et du dialogue entre les cultures*, Fayard, 2008. [Publicado no Brasil em 2009 sob o título *O diálogo entre as culturas: do universal ao multiculturalismo*, pela Zahar.]

12 Ibid., p.13.

durável que uma nova sociedade frugal. Assim, não é uma rígida economia que vai sendo elaborada, e sim uma economia ecológica com baixa emissão de carbono que, favorecendo a eficácia energética, seria capaz de reaquecer a demanda de maneira sustentável. Deixemos de quimeras. Nem o crescimento da onda verde e tampouco os hábitos de compra ecológicos estão em condições de refrear a comercialização exponencial de nossos modos de vida, as formas de exercício do poder e o gosto por marcas[13]. O mesmo vale dizer da apetência pelas novidades, inseparável das sociedades desenraizadas de seus vínculos tradicionais, em cujo contexto o consumo desempenha a função de estímulo existencial ou compensação perante as misérias da vida. Não se pode abandonar sumariamente a economia do consumo fútil e supérfluo: um eventual reino do consumidor racional, cidadão e razoável corre o risco de rapidamente mostrar os seus limites. Permanece, pois, que o modelo de crescimento sustentável é o único meio disponível para que se difunda por toda a extensão do planeta o modelo hiperconsumista, livre, porém, de sua forma primitiva, despreocupada com o futuro e com o meio ambiente.

Marcas e celebridades

Não são apenas os objetos materiais que se multiplicam e se propagam no corpo social. Com o capitalismo de consumo, é uma nova concepção de cultura, com novos referenciais, que se apropria do cotidiano. Trata-se de uma cultura que permanentemente exalta os prazeres do bem-estar e do lazer, da moda e do entretenimento – isto é, o gozo sensorial, corporal, o deleite do ócio e das férias, e não mais os antigos ideais de sacrifício[14]. Toda uma cultura hedonista se ergue, propalando aspirações de felicidade particular, sob o signo do volátil, do fugaz, do erotismo e do humor. O antigo ideal de renúncia deu lugar a uma cultura de ausência de culpa, de tentações, de estímulo contínuo dos desejos. Os ideais heroicos de projeção rumo ao futuro, típicos da primeira modernidade, cederam terreno a uma

---

13 Segundo o centro de estudos Millward Brown, apesar da crise que abala a economia mundial, a cotação das 100 maiores marcas mundiais progrediu 1,7% em 2008.

14 Noções de férias cada vez mais açambarcadas pelo ideal do consumismo: os turistas que se deslocam a Nova York para fazer compras são duas vezes superiores em número àqueles que para lá se dirigem com o objetivo de visitar os museus. No mesmo sentido, o West Edmonton Mall é o ponto turístico mais visitado do Canadá.

cultura toda radicada no presente, essencialmente orientada para a satisfação de aspirações em permanente mudança.

É uma cultura de consumismo hiperbólico que se impõe igualmente como uma cultura de marcas. Os logotipos são expostos em toda parte e em todos os suportes. Aparecem, por exemplo, por meio do *marketing* indireto em filmes e séries de TV. Os nomes dos produtos brilham em todas as grandes vias públicas, nos museus patrocinados, nas lojas *duty-free* de todos os aeroportos do mundo, em todos os *sites* e endereços da internet. A Europa possui mais lojas de luxo – 30 mil! – do que livrarias. Quem é capaz de sair ileso da invasão das marcas? Óculos, relógios, produtos finos de couro, joias, material de escritório, equipamentos de esporte, produtos alimentícios, telefones, mobília de *design* – nada escapa do reino das marcas, quer das nacionais, quer das internacionais.

Sem dúvida, a realidade das marcas mundiais não constitui nenhuma novidade. Ela é evidente desde o primeiro momento das sociedades de consumo, em fins do século XIX e princípio do século XX (Kodak, Singer, entre outras). Contudo, graças à internacionalização crescente das empresas, no decurso das últimas décadas do século passado, o fenômeno adquiriu uma amplitude considerável. Instaladas nos cinco continentes, afetando todos os setores, essas marcas se multiplicam, gozando hoje de uma crescente notoriedade internacional, graças aos faraônicos investimentos em propaganda. Algumas (muitas das quais desconhecidas até mais ou menos dez ou vinte anos atrás) se tornaram vedetes mundiais (Google, Nokia, iPhone). Na fase atual da cultura planetária, é divulgada periodicamente a classificação de valor das 100 maiores marcas mundiais, aliás, em sua grande maioria, de procedência norte-americana. A cultura-mundo corresponde ao triunfo das chamadas *global brands* e de suas logomarcas ou de seus logotipos universalmente conhecidos.

São marcas que atuam no sentido de construir continuamente a própria imagem e legitimidade, desenvolvendo sua fama e promovendo-se. Àquelas marcas clássicas, que remetem a um só produto, aplicam-se as políticas de expansão. Assim, por exemplo, a Virgin é uma gravadora, uma cadeia de lojas multimídia, uma vodca, uma companhia aérea de voos de baixo custo e uma operadora de telefonia móvel; a Armani estampa o seu nome em hotéis; a Porsche, em relógios, isqueiros, óculos e canetas. Eis o poder das marcas, que revela, de uma outra forma, o crescimento sem precedentes da falsificação, agora em âmbito planetário. Quando o mundo é envolvido, de cabo a rabo, por logotipos e se apresenta saturado de imagens comerciais, as marcas emergem como os novos grandes fetiches da cultura mundial.

Hoje, o que o consumidor busca não é tanto um produto, mas uma marca, com o seu correspondente estilo, prestígio, apelo ao imaginário e poder de fascínio. Essa nova atração pelas marcas, que atualmente se espalha, já não se restringe às elites sociais do Ocidente, mas diz respeito a todas as nações, a todas as camadas da população, a todas as idades. Ainda que se observem, atualmente, um fortalecimento da "sensibilidade em relação aos preços" e certo desinteresse no tocante às marcas, este último fenômeno continua a ser de alcance relativo e de proporção variável, visto que os consumidores combinam cada vez mais compras de produtos de marca com produtos que não são de marca. Agora, até os menos favorecidos conhecem e desejam as marcas mais famosas. E, enquanto os jovens desejam mais as marcas do que as modas, existem casos em que pais não titubeiam em dar nomes de marcas aos filhos, como Chanel, Armani, Porsche, L'Oréal. Nos dias atuais, nossos jovens conhecem muito mais nomes de marcas famosas do que nomes da história, da literatura ou da religião. Tais marcas são bem mais do que etiquetas de produtos. Elas estão no cerne de inúmeros fóruns e conversas, reais ou virtuais. Objetos de desejo dos consumidores, as marcas são também novas peças constitutivas da cultura cotidiana em toda a superfície do globo.

Se a cultura-mundo é uma cultura de marcas, também não deixa de ser uma cultura de celebridades e, como se diz hoje, de repercussão popular. As celebridades se multiplicam, tomam conta da publicidade, das revistas, dos programas de televisão. Não há praticamente, em nossos dias, um só campo de atividade que escape ao *star-system* [15]. Cada vez mais as marcas invocam os nomes de celebridades para associá-las à sua imagem. Faz-se indispensável a presença de celebridades para conseguir audiência, acelerar as vendas, fazer brilhar uma imagem de marca. Não consumimos mais apenas produtos, filmes, viagens, música, esporte. Como meio de singularizar e personalizar a impessoalidade do mundo dos negócios, consumimos também celebridades. Essa obsessão pelos famosos não pode ser dissociada da necessidade de

---

15 O fenômeno não poupa a esfera de "seriedade" da vida pública. Cada vez mais, personalidades midiáticas (modelos, esportistas famosos, jornalistas) tornam-se candidatas a cargos públicos, a fim de obter votos de eleitores-consumidores sem convicções firmes e ideias claras.

evasão e de sonho e também de encontrar figuras conhecidas numa época de mudança permanente e aceleração constante. O hiperconsumista aspira ao novo e à moda, mas igualmente anseia por balizas, pontos de referência e certezas. As celebridades são dotadas exatamente da particularidade de corresponder, de forma concomitante, a essa dupla expectativa, mediante a combinação de ambas as dimensões contraditórias.

As culturas de classe interferem cada vez menos no comportamento dos indivíduos; cada vez mais os produtos se revelam incapazes por si só de orientar o consumo; cada vez mais tênues se mostram as fronteiras que separam a direita da esquerda; cada vez mais os eleitores "hesitantes" votam em pessoas e não em programas de governo. A sociedade das celebridades acaba por preencher esse vazio que acompanha a individualização extrema da sociedade, com o esfacelamento de nossos pontos de referência coletivos, com a despolitização e a dissolução das tradições de classe. As novas fontes de inspiração introduzem um ideal de ilusão e relatos personalizados (fofocas e notícias afins) num contexto de banalização tecnológica.

A culturalização da mercadoria

Se a experiência do cotidiano é remodelada pelo consumo de mercado, ao mesmo tempo o mundo econômico (por meio das marcas comerciais) está cada vez mais impregnado de signos culturais. Quanto mais a cultura se organiza por inteiro como um universo de ordem econômica, mais a economia tende a se culturalizar. Isso é particularmente visível no caso do universo das marcas, que não cessa de integrar, em seu arco de ofertas, uma dimensão cultural, que é a do estilo, da moda, da arte, da criatividade, dos "valores", da narração, dos sentidos. A era hipermoderna é aquela na qual o fator cultural se difunde no universo de consumo das marcas. Recorrendo ao talento dos *designers*, dos artistas gráficos, dos decoradores de interiores, dos artistas plásticos, dos diretores de cinema, dos criadores de conceitos publicitários, o que se produz não é unicamente o valor de uso, mas também o valor estético e cultural. Assim, as grandes marcas confiam aos arquitetos--estrelas a assinatura de suas lojas. Do mesmo modo, os pontos de venda são incessantemente readaptados e redecorados, a fim de melhorar a imagem da marca; as grifes de luxo estabelecem contratos com artistas da vanguarda, para criar coleções de acessórios; os maiores diretores do cinema realizam comerciais; e lojas recebem exposições, tomando o aspecto de galerias de arte.

Ademais, numerosas marcas constroem agora a sua identidade com base numa comunicação fundada em mensagens sensoriais, propostas éticas e compromissos de respeito ao meio ambiente. As marcas (no intuito de se posicionar e se diferenciar) passaram a integrar sistematicamente a dimensão estética e narrativa, ética e criativa, de modo que o imaginário cultural já não pode ser equiparado a um mundo desinteressado, planando acima do universo da produção. Qualquer grande marca, nos dias atuais, se pretende "cultural", isto é, um universo de vida, aparência, espírito, conjunto de valores, relato, visão do mundo. Hoje, as pessoas só se comprometem se lhes for apresentada uma história. Por isso, a nova era cultural significa igualmente transformação da cultura em negócio e transformação de negócio em cultura. Resumindo, a cultura-mundo caminha para uma hibridização entre alta tecnologia e moda, comércio e estética, tendências e tradições, propaganda e apelo aos sentidos, gestão de negócios e comunicação narrativa.

Incorporando dimensões culturais, a produção de mercado inclina-se estruturalmente para o universo da moda – isto é, à renovação acelerada, à estetização e à sedução das aparências. Assim como a cultura não é mais algo distinto da economia, também esta já não se distancia da moda, passando a ser aquilo que a universaliza nos símbolos do cotidiano. A cultura-mundo assinala o triunfo da forma-moda, que sem cessar transforma o nosso ambiente, penetrando em todos os domínios, embaralhando os referenciais, misturando balizas, conferindo um aspecto lúdico às correlações entre coisas e sentidos. Com o advento da cultura-mundo, empreende-se a cosmetização hiperbólica da vida cotidiana mercantilizada. A cultura, portanto, que era o patamar da nobreza e da profundidade, põe-se a serviço da fugacidade frívola.

Nesse panorama, a cultura também deixa de ser sinônimo de "desperdício" ou "despesa" inútil. Ela funciona como um meio para seduzir os neoconsumidores, que, entediados pela banalização do consumo, veem-se à espreita das diferenças. Trata-se de consumidores não menos afeitos à procura de uma qualidade de vida, agora indissociável das dimensões estéticas, criativas e do imaginário. Por isso, a partir do momento em que os produtos se assemelham, ou quando a competitividade se torna mais intensa, a cultura – para atingir o mercado de consumo – impõe-se como investimento econômico, vetor de diferenciação e individualização dos produtos e das marcas.

O universalismo tecnicista

O capitalismo globalizado não constrói sozinho a cultura-mundo. No cerne desta, remodelando-a e impulsionando-a, encontra-se a ordem técnico-científica, ou seja, aquilo que Jacques Ellul denominava "sistema técnico". Eis o terceiro grande dispositivo da cultura-mundo, que se soma aos dois anteriores, que são o mercado e o consumo.

Daqui para a frente, a Técnica – isto é, a cultura da eficácia generalizada e ilimitada – invade todo o planeta. Não só pela universalização do uso das máquinas, como também pela transferência, a todas as culturas, de um estilo de vida, de uma forma de pensar, de um modo de organização do trabalho, da produção e da educação. De fato, fora das vias do tecnicismo exponencial, da utilização otimizada dos meios disponíveis, da espiral da alta tecnologia, não há saída. Em todo o mundo, o sistema técnico criado pelo Ocidente é instaurado como um imperativo absoluto, como a via de acesso ao desenvolvimento e como condição para a construção do futuro.

Durante todo o desenrolar da primeira modernidade, o Ocidente se impôs como centro exclusivo da ciência tecnológica, ostentando como missão favorecer o mundo com suas luzes e grande desempenho. Esse capítulo da história chegou ao fim. Na era hipermoderna, alguns países emergentes – ainda que de forma tímida – já começam a fazer concorrência com o próprio Ocidente, graças ao desenvolvimento de tecnologias de ponta, como a informática, a biotecnologia e a indústria farmacêutica. Hoje, no setor da química e no das nanotecnologias, o número de publicações chinesas já ultrapassa o de norte-americanas. A posição dessas novas economias progride igualmente nos setores da eletrônica e da indústria espacial e aeronáutica. Por enquanto, é claro, os domínios que abrem caminho para verdadeiras inovações continuam circunscritos. Assim, por exemplo, em matéria de alta tecnologia, o Ocidente está bem longe de perder a dianteira. Em todo caso, a cultura-mundo que se vislumbra prenuncia o fim do monopólio ocidental na área da ciência tecnológica.

Essa universalidade geográfica da sociedade tecnicista se desdobra na universalidade que se refere ao seu campo de aplicação. Isso porque o fator técnico se dirige a todos os aspectos da vida. Ele se apodera de todos os domínios da existência passíveis de mudança, tanto das imensidades descomunais como do infinitamente minúsculo. No momento atual, faz--se notar na publicidade, nas formas de lazer, na informação, na comunicação, assim como na saúde, na sexualidade, nos diversos aspectos da conduta em relação ao corpo, que também estão em vias de se globalizar. A forma de tomar banho, de utilizar um xampu ou um creme dental, o critério de escolha do número de telefone, o modo de clicar sobre o mouse do computador, a preferência por determinada roupa íntima, a questão da pílula anticoncepcional – por via da técnica, vai-se universalizando uma infinidade de gestos elementares do corpo[16].

Com o objetivo de encontrar soluções para os grandes problemas da vida, da saúde, do envelhecimento ou da comunicação, é à ciência técnica que as pessoas, por toda parte, recorrem. Também para atenuar os malefícios decorrentes da febre tecnicista, é nos recursos da própria técnica que os indivíduos procuram o almejado desenvolvimento sustentável. A Técnica já não é uma simples parte da civilização; tornou-se a própria lógica de ordenamento de nossas culturas e de todas as dimensões da vida, quer na ordem econômica ou social, quer na ordem cultural ou individual. Hoje, a Técnica vai além da técnica, originando uma forma de ser e pensar que reestrutura e reorienta todas as culturas do mundo. O universo da Técnica se situa além das máquinas. Afigura-se como a linguagem universal da *performance*, assim como o aparelhamento intelectual e cultural que torna possível a utilização das técnicas. É um universalismo técnico idêntico em todos os lugares, que unifica os modos de agir e viver, que mobiliza os mesmos símbolos, o mesmo sistema de normas e valores – a saber, a eficácia instrumental, a racionalidade operacional, a calculabilidade inerente a cada coisa, a utilização otimizada dos meios a serviço de um fim[17].

No entanto, embora constitua inegavelmente uma força de unificação mundial, a Técnica não se reveste do poder de desagregar as diferenças culturais nem de instalar as mesmas instituições políticas. À margem do poder unificador da Técnica, as sociedades continuam tributárias de seu passado histórico e de sua cultura herdada. Evitemos, pois, de cair no erro de crer que o planeta trabalhado pela técnica caminha implacavelmente para um modelo único: sobre uma base unificadora, erguem-se multiplicidades políticas e culturais. Enquanto o tecnicismo produz objetos e signos

---

16 Esses exemplos variados, que correspondem a outras tantas "técnicas globais do corpo", são objeto de análise por parte de Jean-François Bayart, *Le gouvernement du monde. Une critique politique de la globalisation*, Fayard, 2004, p. 317-404.

17 Jacques Ellul, *Le système technicien*, Calmann-Lévy, 1977; Martin Heidegger, *Essais et conférences*, Gallimard, 1958. [Este último teve sua 7ª edição publicada no Brasil em 2010 sob o título *Ensaios e conferências*, pela Editora Vozes.]

28 A GLOBALIZAÇÃO OCIDENTAL

padronizados, as sociedades se fragmentam em pequenas "comunidades" com pontos de referência diversos. Estilos de vida se diversificam e se fragmentam, modelos de identificação se desfazem, formas e projetos de existência se disseminam, novas heterogeneidades dividem os microgrupos, o culto à diferença e à "volta às raízes" se exibe. Quanto mais esfaceladas estão as grandes instituições, maior é a fragmentação sociocultural, o que redunda em modos de vida heteromorfos, instigadores, por sua vez, de novas opções, estéticas, critérios dessemelhantes. E não percamos de vista que, a partir da mesma cultura-mundo, podem ser estruturadas ideologias e instituições políticas muito diversas – democracias pluralistas, sociedades autoritárias e antiliberais. A tecnicização do mundo não garante de modo algum o triunfo final das democracias liberais.

Esse mundo hiperbólico remodelado pela técnica frequentemente nos deixa expostos a grandes riscos, a verdadeiras catástrofes globais – poluição atmosférica, falta de conhecimento sobre os organismos geneticamente modificados (OGM), dejetos nucleares, aquecimento global, epidemia da vaca louca, esgotamento da biodiversidade. Riscos diversos, cuja nota característica está em ignorar os limites das fronteiras nacionais. É com a cultura-mundo tecnicista que se define o sentimento de fazer parte de um mundo interdependente, assim como a tomada de consciência sobre a globalidade dos riscos e as relações cosmopolitas.

Em decorrência da degradação da biosfera e dos riscos mundiais engendrados pela combinação da Técnica com o capitalismo, desenvolve-se igualmente uma figura típica da cultura-mundo, que menospreza os obstáculos ou as barreiras nacionais: os valores ecológicos e seu imperativo de preservar a existência, a longo prazo, da humanidade numa Terra habitável. Desse ponto de vista, cada um de nós é interpelado, em todos os recantos do planeta, a promover o crescimento verde, o desenvolvimento sustentável, novas fontes de energia pura, o consumo ecológico. Essa peça da cultura--mundo, a exemplo da competição no capitalismo globalizado, se consagra não como uma escolha voluntária, mas como uma obrigação, uma reação de sobrevivência perante uma realidade amplamente incontrolável e indeseja-da[18]. De um lado, nunca a ordem técnico-mercantil pôde criar tantos riscos extremos e tantos sentimentos de falta de domínio acerca de nosso próprio

---

18 Ulrich Beck, *Qu'est-ce que le cosmopolitisme?*, Aubier, 2006, p. 40-51.

destino. De outro, nunca foram tão grandes as possibilidades de reinventar um novo gênero de desenvolvimento, novos modos de produção e consumo.

O sistema da Técnica deu margem tanto a temores quanto a esperanças e utopias. Nos dias atuais, o sonho da saúde perfeita, da eterna juventude, da criação de um novo ser humano, com faculdades intelectuais e fisiológicas "enriquecidas", é reavivado pela revolução da engenharia genética, pela bioquímica, pelas nanotecnologias, pela microeletrônica. Dos progressos da alta tecnologia, o que se espera senão um acréscimo da felicidade para os homens? Graças aos "milagres" da técnica, a expectativa de vida não cessa de crescer. Vive-se mais e com melhor saúde; o número de nascimentos é controlado; as condições materiais de existência da maior parte das populações vão experimentando melhoras. Os sonhos dos modernos, associados às "maravilhas" da Técnica, estão mais vivos do que nunca, apesar dos novos temores gerados pelo progresso. Todavia, a felicidade não avança no mesmo compasso. Assim, embora hoje o consumo de energia seja três vezes maior do que na década de 1960, daí não se deduz que nossa proporção de felicidade tenha triplicado. Em sentido análogo, numa comparação com as três últimas décadas, verificamos que o poder de compra das classes médias quase dobrou na França. Devemos concluir, então, que a felicidade aumentou em dobro? Em contrapartida, a ansiedade se multiplica, assim como os índices de depressão, as tentativas de suicídio [19] e as manifestações do sofrimento de viver. Evidentemente, a sociedade da Técnica revela-se mais apta a reduzir os grandes infortúnios do que a produzir a alegria de viver.

Indústrias culturais e poder midiático

Um quarto elemento alicerça a cultura-mundo: a hipertrofia da esfera das mídias, das indústrias culturais e da *web*. Desse ponto de vista, a cultura-mundo designa a era do crescimento exponencial dos meios de comunicação e informação, do entretenimento e das cadeias midiáticas, que espalham sobre a extensão da Terra uma torrente ininterrupta de filmes, músicas, séries de TV e espetáculos esportivos. Eis como o hipercapitalismo de consumo é um capitalismo cultural, ou seja, uma forma de capitalismo na qual

---

19 Nos países ocidentais, as depressões declaradas aumentaram sete vezes em trinta anos. Na França, 11% dos adolescentes de 16 anos já tentaram o suicídio.

a cultura se impõe fundamentalmente como domínio econômico. Quando ocorre essa globalização das indústrias do imaginário e do ciberespaço, a cultura deixa de ser um setor à margem, de inspiração etérea, para tornar-se uma força produtiva, uma indústria, em toda a acepção da palavra, que, cada vez mais, constitui o elemento propulsor das economias capitalistas, representando importante parcela do crescimento econômico e fonte geradora de empregos. Assim, a Unesco calcula que as indústrias culturais devam participar do PIB mundial na proporção de 7%. O peso econômico desse setor movimenta 1,3 trilhão de dólares e cresce muito rapidamente. Nos países da OCDE (Organização para Cooperação e Desenvolvimento Econômico), o crescimento anual de tais indústrias, desde o ano 2000, gira em torno de 5 a 20%. Nos Estados Unidos, correspondem a 5,2% do PIB, e o seu peso no comércio exterior (total de mais de 60 bilhões de dólares) supera o dos setores da aeronáutica, da química, da agricultura, da indústria automobilística ou da defesa; constituem o primeiro posto na exportação. No interior da União Europeia, 4,6% do total de empregos depende desse setor. O intercâmbio comercial de bens culturais praticamente quadruplicou entre 1980 e 1998. De fato, entre 1994 e 2002, esse comércio saltou de 38 para 60 bilhões de dólares.

Estamos diante de uma economia cultural caracterizada por alguns grandes desenvolvimentos lógicos. Faço menção a seis.

Em primeiro lugar, um crescimento em forma de oligopólio e um desequilíbrio dos fluxos, com o predomínio de um número limitado de conglomerados de envergadura mundial, que exercem o controle da distribuição dos produtos culturais. Vejamos os números. No mercado mundial da música, 75 a 80% do total é controlado por quatro grandes grupos. Os quinze primeiros do setor audiovisual representam cerca de 60% do mercado mundial de programas. As produções das sete maiores redes norte-americanas de cinema ocupam 80% das telas do mundo. Na mesma direção, 70% dos lançamentos musicais comercializados no mundo são produzidos por dois grandes grupos. Na França, as quatro maiores empresas da indústria musical dividem 80% do mercado. Por fim, a maior parte do comércio mundial de livros impressos é feita por 13 países; desse conjunto, Estados Unidos e Europa ocidental respondem por dois terços.

Em segundo lugar, transformada em um setor de negócios, a cultura funciona cada vez mais como um investimento financeiro, que deve corresponder ao montante do capital investido. Agitou-se a bandeira da "exceção cultural", mas a lógica do mercado se difunde irresistivelmente em todos os ramos de atividade. Eis o ponto: não há mais oposição estrutural entre esfera cultural e esfera econômica. O mundo atual está sob o domínio das lógicas financeiras e comerciais.

Em terceiro lugar, vemos caírem as fronteiras que separam a cultura da publicidade e das mídias. Enquanto as despesas promocionais aumentam, os produtos culturais são lançados segundo métodos de *marketing*, a fim de seduzir os consumidores, atrair a atenção da mídia, forjar um "acontecimento". Em toda parte, progride, a largos passos, o domínio da mídia sobre a cultura, as lógicas do espetáculo e da publicidade. Realmente, os vínculos que ligam as indústrias culturais à publicidade e à mídia não são nenhuma novidade. Entretanto, a amplitude do fenômeno comprova que uma nova fase começa: filmes são concebidos com base em estudos de *marketing*, canções são produzidas especialmente para o verão, livros são escritos por encomenda. Não há domínio que escape à lógica do sistema de celebridades: hipermidiatização, prêmios literários, *rankings* das músicas mais tocadas. É nesse cenário que retrocedem filões tradicionais da legitimação cultural, ou seja, um contexto que favorece o novo papel desempenhado pela mídia, que passa a exercer uma influência decisiva sobre a primazia dos debates de ideias, sobre os fatores cruciais do sucesso, sobre os procedimentos de consagração dos autores e das obras. Perda da influência de certas instâncias da legitimação cultural, predomínio das lógicas comerciais, midiáticas e publicitárias – eis o perfil de evolução da cultura-mundo.

Em quarto lugar, uma corrida frenética em prol da renovação dos produtos, de uma variedade crescente de produtos culturais. Ao longo dos dez últimos anos, nos Estados Unidos, o número de livros publicados cresceu numa proporção superior a 50%: mais de 100 mil livros vêm a lume anualmente. Na França, idêntico movimento: de 25 mil novos títulos em 1980, passou-se a 64 mil em 2008. A mesma dinâmica da multiplicação de obras se verifica na indústria cinematográfica. Em 2005, Hollywood lançou 699 filmes; a França, 240; a Espanha, 142. Anualmente, Japão e China produzem cerca de 300 filmes cada um; a Índia, 800. As companhias cinematográficas francesas produzem duas vezes mais filmes que o faziam há dez anos. Em decorrência dessa dinâmica da superprodução, o número de filmes lançados na França, em dez anos, aumentou 40%. Assim, a cultura-mundo se caracteriza pela espiral da diversidade, pela proliferação das novidades, pelo crescimento da oferta.

32 A GLOBALIZAÇÃO OCIDENTAL

Em quinto lugar, o sucesso circunscrito a um número muito reduzido de títulos. Efetivamente, dentre 506 longas-metragens projetados na França em 2001, 30 filmes monopolizaram mais de 50% dos ingressos, ao passo que 100 corresponderam a 80%. Para nos servirmos de outro exemplo, basta mencionar que, em dezembro de 2006, cinco filmes detinham o predomínio de 70% das telas. A cultura-mundo é uma cultura de *hits*. Nada, pois, induz a pensar que os "mercados de nichos" (conforme a teoria da "cauda longa", aventada por Chris Anderson) venham a constituir um mercado tão importante quanto o dos grandes sucessos planetários. Daí a fisionomia paradoxal da cultura-mundo. De um lado, uma individualização crescente do consumo cultural, uma escalada da heterogeneidade das práticas e das preferências. De outro, uma lógica da acomodação, um tropismo de massa em torno dos mesmos filmes e livros.

Em sexto lugar, a oferta abundante, as exigências de rentabilidade rápida, as poderosas máquinas promocionais, tudo isso provocou uma redução no tempo de vida útil dos produtos culturais. Até o livro se torna, nesse contexto, um produto de circulação ultrarrápida. Atualmente, um terço das salas de cinema de Paris oferece um novo filme a cada semana. Em meados da década de 1950, os filmes somavam cerca de 50% de suas receitas após três meses de divulgação. Hoje o essencial dos resultados é colhido em duas semanas, quando se trata de um fracasso, e em seis ou dez semanas, em caso de sucesso. O curto lapso de tempo da moda contaminou o ritmo das obras intelectuais.

Do cinema ao mundo da *web*

A cultura-mundo da mídia já se inscreve numa longa história. De fato, essa dinâmica se pôs em movimento desde os primórdios do século XX, em particular com o cinema. Este, por sua vez, deu impulso à cultura-mundo, voltando-se para as grandes multidões com produções simples, acessíveis a todos os países e culturas. Graças ao cinema, começa a primeira fase daquilo que seria verdadeiramente uma cultura-mundo moderna. Inicialmente, tendo em vista que os filmes norte-americanos foram prontamente exportados e vistos em todos os continentes. Numa segunda etapa, colaborou para isso a linguagem dos filmes, facilmente assimilável por todos. Enfim, porque o cinema criou uma nova figura do espetáculo moderno, ou seja, o *pop-star* que cativará o público do mundo todo. O cinema deu origem à forma prototípica da cultura-mundo por meio do *star-system*, da diversão em grande escala, da renovação permanente dos filmes, de um linguajar específico e do consumo de massa.

Essa dinâmica será substituída, na segunda metade do século XX, pela televisão, que impõe o reino da imagem direta, do instantâneo, dos furos de reportagem, da insignificância. Mediante as imagens em tempo real, os homens de todo o mundo têm acesso, ao mesmo tempo, às mesmas informações. A TV modificou o mundo, o mundo político, a comunicação política, a publicidade, as formas de lazer, o mundo da cultura. Transformou o próprio mundo em informação, pois, daí em diante, é por intermédio da imagem na tela que o mundo transparece aos homens, e que estes se inteiram dos fatos. Cada vez mais, verdadeiramente, a realidade só existe na medida em que é vista na TV, por todos. Pela televisão instala-se a "aldeia global", segundo a acepção de McLuhan – ou seja, há o triunfo da sociedade da imagem e o impulso do *homo ecranis*, inaugurado pelo cinema.

Todavia, a partir de agora, está vigente uma nova etapa da cultura--mundo. Trata-se de um fenômeno contemporâneo da revolução digital e da multiplicação das telas, assim como da convergência das novas tecnologias de comunicação e do mundo da *web*, desse novo hiperespaço que estabelece a conexão imediata dos indivíduos para além das divisões continentais. A era do *tudo na tela* não se caracteriza apenas por um fluxo contínuo de imagens e informações em série. Faz-se acompanhar – via rede de computadores e Web 2.0 – de uma comunicação interativa, descentralizada, gerada pelos próprios indivíduos. Foi-se o tempo das *mass media* e de sua comunicação unilateral. Estamos na época das redes sociais *on-line*, das plataformas de relacionamento, dos intercâmbios interpessoais, horizontais e comunitários. Toma assento uma forma de cultura do *tudo para todos*, como algo que possibilita aos indivíduos assumir cada vez mais o papel de consumidores ativos, compartilhar dados, discutir, participar de experiências para além das limitações do binômio espaço-tempo. É preciso descartar o velho clichê do zumbi antissocial, viciado no computador, isolado do mundo, vivendo apenas num ambiente virtual. Ainda que tal vício exista, o que vem ao caso é assinalar que a *web* favorece os encontros fora da rede. É algo que permite aos indivíduos conversar, fazer relatos, pôr-se em posição de destaque, podendo até revelar-se um instrumento que desperte a solidariedade entre homens de crenças distintas dispersos pelo mundo.

O indivíduo como cultura universalista

Cabe propor a cultura do indivíduo como o quinto grande pivô da cultura-mundo. No decorrer da segunda metade do século XX, as estruturas sociais que atuavam como freios para conter o extravasamento do individualismo (tradições, famílias, Igreja, grandes ideologias, partidos políticos etc.), esvaziaram-se de sua antiga autoridade, em benefício da expansão social do princípio da individualidade. A intensificação social da ideologia dos direitos humanos, bem como a difusão dos valores hedonistas, a desmesurada oferta de consumo, informação e imagens midiáticas, tudo se conjugou para promover a dissolução dos enquadramentos coletivos. Simultaneamente, originou-se uma pluralidade de modelos de existência. Decorre daí uma dinâmica de individualização que altera de alto a baixo as sociedades e as culturas autoritárias tradicionais, que herdaram o legado da primeira modernidade.

Ao mesmo tempo, desde a década de 1980, num contexto em que as políticas neoliberais prevaleceram, presenciamos a ascensão de um modelo econômico e social baseado na concorrência desenfreada do mercado e nos imperativos do lucro imediato. Uma forma de hipercapitalismo vem à tona. Nessa nova configuração, introduzem-se novos referenciais que correspondem ao êxito individual, à iniciativa privada, ao dinheiro, à competição, ao modelo do empreendedor. Em síntese, retração do Estado e das normas de cunho impositivo, enfraquecimento dos organismos sindicais, desaparecimento das utopias. É uma espécie de individualismo do "vencedor" e do "guerreiro" que triunfa, incitando cada pessoa à iniciativa individual, a empenhar-se, a ser reativo e flexível, a assumir riscos, a adaptar-se em permanência. Equivale a um hiperindividualismo competitivo que convoca a uma autonomia sempre maior, à responsabilização total de si.

Enquanto a cultura-mundo dos negócios espalha, por toda parte, normas e imagens comuns, concomitantemente ela exerce o papel de forte instrumento de desarraigamento territorial e de individualização das pessoas e estilos de vida. De um lado, os direitos humanos consagram os princípios da liberdade individual e da igualdade de todos, contribuindo para minar os dispositivos sociais que entravam a cada um dispor de si mesmo livremente. De outro, porém, mídia, televisão, cinema e publicidade fomentam novos sonhos, induzem a expectativas de mudanças, diversificam modelos de identificação, difundem a legitimidade dos anseios individuais e o ideal da felicidade particular. À medida que, em todo o universo, a mídia se impõe, assim como as normas do consumo mercantil, em ampla escala, desdobra-se uma dinâmica de autonomia subjetiva, reforçada ademais pela escolarização crescente das populações. A isso se soma, por fim, o próprio impacto dos fluxos migratórios, na medida em que os trabalhadores expatriados se mostram propensos a repatriar certo número de normas e práticas típicas da modernidade individualista, especialmente as práticas contraceptivas e os modelos ocidentais de consumo.

É propriamente essa cultura-mundo que constitui a essência da individualização, na medida em que essa dinâmica avança em todos os continentes, mesmo que em intensidades e formas diversas. Hoje, tanto na Rússia como na China desenrolam-se a espiral do individualismo possessivo, o reino do modelo empresarial, a paixão pela moda e pelo luxo. Na Índia, a nova classe média se deleita comprando nos supermercados, frequenta os salões de beleza e os clubes noturnos, assistem a shows internacionais em DVDs. Enquanto a publicidade transmite os seus *slogans*, criando um culto aos valores do aprimoramento individual, a fraude fiscal e a corrupção propagam-se impunemente. Por todos os cantos da Terra, um número cada vez menor de casais vive com os pais, e a cultura dos casamentos arranjados (que afronta os postulados de autonomia e realização pessoal) vai caindo em manifesto desuso. Igualmente, a poligamia: ainda autorizada em certo número de países (um terço da população mundial), tende a recuar, principalmente com o aumento do nível de instrução. Alguns países muçulmanos já proibiram essa prática (Tunísia, Turquia), sendo numerosas as associações de mulheres no mundo que trabalham pela sua completa abolição.

Até nas sociedades islâmicas, o individualismo exerce a sua ação. É o que comprovam os índices de natalidade que, em determinados países (como Irã e Tunísia), são doravante equivalentes aos da França[20]. A diminuição da fecundidade[21] demonstra cabalmente a desestruturação da tradição, a transformação das relações de submissão da mulher ao marido, o controle dos nascimentos praticado pelos indivíduos. De forma semelhante, se o fenômeno das migrações transnacionais conhece uma evolução acelerada, atingindo, no presente, todas as regiões do planeta – o mundo tem hoje,

---

20 Youssef Courbage e Emmanuel Todd, *Le rendez-vous des civilisations*, Seuil, 2007.

21 Em cinquenta anos, as taxas de fecundidade, no mundo, passaram da proporção de 5 filhos por mulher para 2,7, nos dias de hoje.

36 A GLOBALIZAÇÃO OCIDENTAL

aproximadamente, 200 milhões de migrantes –, isso não se deve apenas à pobreza ou às guerras, mas também à circunstância de que os indivíduos contemporâneos se pretendem protagonistas de seu futuro, mestres de seu destino. De fato, como recebem informações, por intermédio da mídia, sobre a possibilidade de viver melhor alhures, mostram-se agora menos conformados com a própria situação, distanciam-se dos seus Estados de origem e são menos relutantes em tentar uma mudança de vida[22]. Na origem da migração hipermoderna, além da miséria e opressão, aparecem aspirações à valorização pessoal e à independência, procura de "realizações" necessárias ao aperfeiçoamento pessoal, gosto pelo risco e ideal de êxito material, emoldurado por imagens de belos veículos, roupas de grife, produtos de alta tecnologia[23]. Por todo lado se desdobram, em ritmos e intensidades variáveis, a dinâmica da individualização, a autonomia da existência individual, a busca do bem-estar pessoal e consumista. A individualização acelera a globalização, que, por sua vez, redobra a intensidade da individualização.

A relação contemporânea com a religião opera no mesmo sentido. Também esta, hoje, deve ser experimentada como uma interiorização, fé e escolha pessoal. Torna-se objeto de reflexão, desligada de sua consagrada evidência costumeira e dependente da efetiva adesão daquele que crê e não mais da participação em um grupo, de uma lei ou da sociedade. Em marcha no Ocidente, a dinâmica de individualização atua também em outras regiões. Num mundo marcado pela erradicação da tradição e da territorialidade religiosas, assim como pela retomada do sentido individual do sagrado, as conversões (que ocorrem em grande número) obedecem a uma escolha individual. Doravante, o evangelismo protestante se difunde na China, no Brasil e no mundo muçulmano. Por sua vez, o budismo encontra campo de penetração no Ocidente, ao passo que o Islã recolhe adeptos na Europa e entre os índios da zona do Chiapas. Quanto ao judaísmo, é aceito, ao mesmo tempo, por populações de Uganda, por grupos tribais das montanhas do Tibete e da Birmânia, bem como por negros dos Estados Unidos. A cultura-mundo é também a cultura do mercado mundial de religiões,

---

22 Catherine Wihtol de Wenden, *Atlas mondial des migrations*, Autrement, 2009. O trabalho se debruça sobre uma dinâmica de individualização, mas que pode ser modelada nos quadros tradicionais da organização holística, uma vez que as decisões relativas à emigração são muitas vezes tomadas em família, tendo por objetivo a melhoria das condições desta.

23 Eliane de Latour, "Héros du retour", *Critique internationale*, n. 19, 2003.

situação em que os protagonistas individuais mudam de religião mediante a escolha do que lhes convém em matéria de crença. Mesmo os neofundamentalistas se apoiam numa convicção e numa adesão de ordem pessoal, e não mais na evidência social do fator religioso. Enquanto retrocede o modelo tradicional de religiosidade, em todas as religiões se consolidam os fenômenos de apropriação individual da fé [24].

Desde Tocqueville, sabemos que a democracia não significa apenas um regime político: é também uma forma de regime social. O mesmo se aplica aos direitos humanos, que são mais do que os fundamentos últimos da ordem política democrática. Estes constituem os princípios que desestruturam a organização social tradicionalista, contribuindo, por toda parte, para a edificação de uma nova sociedade, inaugurando um elo inédito com a família e a religião, com as noções de tempo e de saber, gêneros e fases da vida. Aos poucos, todas as instituições sociais são alteradas e realinhadas, tomando como base o princípio da livre posse de si. É desse modo que os direitos humanos atuam no sentido de individualizar as formas de comportamento e aspirações dos indivíduos, sempre atribuindo um alcance universal ao mesmo princípio de vida em sociedade. Não é somente o mercado que unifica o globo. Também os direitos humanos rumam na mesma linha, ainda que de outra maneira, fazendo da individualidade o princípio universal, elo unificador das relações dos indivíduos particulares com a ordem pública.

Uma dinâmica do princípio da individualidade, que em nada impede a progressão do sentido comunitário de vida ou dos anseios identitários. Enquanto uma das vertentes da cultura do indivíduo se identifica com o consumismo intimista, outra impele a uma reinserção nas comunidades de língua, religião e cultura, no intento de conjurar a inquietação identitária provocada pelo processo de dissolução social. Assim, à medida que recuam os sólidos sentimentos de uma vinculação política de caráter universal, afirma-se a necessidade de estar integrado em comunidades particulares de composição étnica, religiosa ou infranacional. A reinserção em entidades coletivas em nada contraria a espiral de individualização. No momento atual, são os indivíduos que, voluntariamente (e não mais por força da tradição), associam-se a tais agrupamentos, retornando às suas "raízes", em sintonia com a maneira de agir pessoal, fruto de reflexão, porquanto também essa

---

24 Acerca desses pontos, ver Olivier Roy, *L'islam mondialisé*, Seuil, 2002. E, do mesmo autor, *La sainte ignorance*, Seuil, 2008.

adesão pode ser desfeita livremente[25]. O espírito de comunitarismo contemporâneo não constitui uma antinomia em face da espiral da individualização; ao contrário, representa o reverso paradoxal do mesmo fenômeno.

O horizonte planetário dos direitos humanos

Além disso, a sociedade do indivíduo não se reduz à consagração de protagonistas que saem do seu isolamento, emancipados de suas antigas vinculações. Em verdade, a promoção do indivíduo concreto-social se estende à do indivíduo de direito, ou seja, corrobora a sagração contemporânea dos direitos humanos, erigidos como princípio de legitimação universal e referencial dominante da ordem coletiva. Fundamentados apenas na razão, afirmando-se sob o signo de um conceito de moral e justiça universal, os direitos humanos se pretendem acima das fronteiras nacionais, ou seja, constituem uma viga-mestra da cultura-mundo. Quer na vida individual, quer na vida social, é o indivíduo que, a partir de agora, se inscreve como o sistema de referência principal, a nascente central do sentido de cultura-mundo, a personificação de sua vocação universalista e humanista.

Nessa fase, cada vez menos os direitos humanos podem ser reduzidos a meros direitos "formais", pois sua função supera em muito o papel clássico que anteriormente lhes era atribuído, o de uma barreira contra o arbítrio dos poderes constituídos. E, de fato, dão margem a iniciativas políticas que, em toda parte, confrontam o sistema internacional estruturado pela soberania dos Estados. Sob esse prisma, hoje os direitos humanos embasam o princípio da ingerência humanitária, que consiste em prestar socorro aos feridos e vítimas de países estrangeiros. Estão igualmente na base de novas instâncias da justiça penal internacional que respondem ao afã da prevalência de critérios morais sobre Estados soberanos, instaurando uma justiça em escala universal, para o julgamento dos crimes contra a humanidade, dos genocídios e dos crimes de guerra. Eliminando a linha divisória entre direito e moral, o novo regime dos direitos humanos institui uma espécie de nova ordem moral mundial, ainda que esse direito de ingerência se exerça na prática de forma muito seletiva, tendo como alvo apenas criminosos de

---

25 Em muitos casos, o véu islâmico exprime mais propriamente uma atitude de autoafirmação e apropriação individual de um símbolo tradicional do que a manifestação de uma lógica fundamentalista.

nações "pouco importantes", quando seus atos despertam grande indignação na opinião pública ocidental.

Finalmente, em nome da moral universal, Estados estrangeiros se arrogam o direito de interferência na política interna de outros países, às vezes desencadeando guerras, a fim de promover a democracia e a liberdade dos povos. Foi o que levou à legitimação da guerra hipermoderna, caracterizando-a como "guerra humanitária" ou como "humanismo militar". Também nesse caso a suspeita incide sobre tais operações, cujas metas valeriam, em princípio, a todos os países, mas que, na ordem concreta, só se aplicam a alguns. Assim, por exemplo, admite-se uma guerra no Iraque ou na antiga Iugoslávia, mas está fora de cogitação na China ou na Rússia. Em consequência, não nos podemos furtar à ideia de que esse cosmopolitismo atua como uma forma de instrumentalização, para fins nacionais hegemônicos, dos direitos humanos. Estes, portanto, se revelariam bem mais a serviço da política que da moral; bem mais a serviço dos diversos interesses nacionais estratégicos que de um padrão universal de justiça. Há quem afirme que a política dos direitos humanos leva à impotência da política nas democracias. É necessário reconhecer que, de fato, esse sistema pode acabar favorecendo as políticas voluntaristas e intervencionistas, oferecendo formas de respaldo e legitimação para iniciativas políticas agressivas, mais como resultado de uma lógica imperialista do que de uma afirmação dos valores liberais. Reportando-se, por exemplo, à missão dos Estados Unidos, autores como Robert Kagan e Robert Cooper não hesitaram em enaltecer a instauração de um novo "imperialismo liberal" e "bem-intencionado" que, mediante "guerras preventivas" e outras práticas intervencionistas, destinar-se-ia a disseminar pelo mundo os princípios da civilização liberal.

Evidentemente, não foram todas as regiões da Terra que erigiram os direitos humanos como normas reguladoras do Estado e das iniciativas coletivas. Nem são apenas as democracias não liberais que, muitas vezes e sem rodeios, ridicularizam esses mesmos princípios. No momento atual, certo número de ideólogos e governantes de países meridionais – em nome da diversidade cultural, dos valores "verdadeiramente" asiáticos, indianistas, islâmicos ou africanos – põe-se a invectivar contra a universalidade do Século das Luzes. Cá e lá, estigmatiza-se o colonialismo ideológico da Europa e dos Estados Unidos, sua pretensão de exportar a democracia e os direitos humanos por toda parte do planeta. Defende-se a tese de que a suposta universalidade incondicional do homem e de seus direitos absolutos seria apenas uma idealização centro-europeia, um conceito cultural derivado de uma história peculiar, uma visão etnocêntrica do homem e da sociedade, uma norma especificamente judaico-cristã do direito.

Assim, em 1981, foi aprovada a "Carta Africana dos Direitos Humanos e dos Povos", que afirma a necessidade de levar em consideração as tradições históricas e os valores da civilização africana. Também alguns países muçulmanos propugnam uma visão diferenciada dos direitos humanos, fundada não mais sobre princípios universalistas e laicos, mas sobre "valores espirituais, morais e socioeconômicos do Islã". Nesse contexto, são os valores islâmicos que prevalecem sobre quaisquer outros. A "Declaração do Cairo sobre os Direitos Humanos no Islã" (1990) consagra a supremacia da charia, "única fonte de referência", em relação a qualquer outra lei (inclusive as resoluções da ONU), nos Estados islâmicos.

Determinados países consideram que os apelos no sentido de fazer respeitar os direitos humanos constituiriam uma forma de imperialismo, ou seja, uma posição ideológica com o objetivo de justificar a ingerência ocidental nos assuntos internos de Estados soberanos, legitimando ações militares e guerras de agressão. Integrados, assim, ao contexto da dominação ocidental, à imposição arrogante de valores que se pretendem universais, os direitos humanos passam a ser contestados e tornam-se objeto de rejeições variadas, em nome do respeito da especificidade cultural e religiosa dos povos[26]. Por sua vez, os que denunciam as atitudes atentatórias aos direitos humanos são acusados de blasfemadores, sacrílegos, difamadores das religiões ou, mais recentemente, de inimigos do Islã. No decurso da primeira globalização, muitas elites dirigentes se achavam investidas da nobre missão de modernizar seu país, recuperar o tempo perdido em relação ao Ocidente, adotando-lhe os princípios, combatendo as tradições arcaicas e o obscurantismo religioso. Já não é assim: enquanto se propaga a cultura-mundo, manifesta-se o surto antiocidental e se recoloca em discussão a universalidade da razão moral e política.

Após o movimento de expansão mundial, os direitos humanos estariam em vias de conhecer seus limites? Parece bastante improvável. Certamente,

---

26 É impossível não perceber que essa diatribe dirigida contra o caráter universal dos direitos humanos é utilizada por certos governos para legitimar suas políticas não democráticas, consolidando internamente a sua posição, amordaçando forças oposicionistas e erguendo barreiras contra a emancipação feminina.

a consagração dos direitos humanos não tem o mesmo sentido em toda a superfície da Terra. Entretanto, como duvidar de que a sua progressão continuará, quando o indivíduo de direito se impõe como princípio de superior legitimação das sociedades modernas? Nas condições presentes – em que a educação, a ciência, as técnicas, a inovação constante, a informação e o bem-estar não cessam de opor barreiras à difusão de modelos singulares de vida social, em favor de uma atitude de reflexão generalizada, de uma sempre maior autonomia da vida social e individual, tomando como ponto de partida o protótipo do indivíduo livre e igual –, quem poderia deter a expansão mundial do princípio da individualidade? Como os processos de modernização e de individualização operam, inelutavelmente, na direção de desarraigar a sociedade e os homens de suas tradições, os direitos individuais adquirem um foro jurisdicional de natureza ímpar, tendendo a se tornar o sistema de referência moral para a vida em sociedade. Em quaisquer regiões do mundo, as ditaduras são energicamente combatidas em nome dos valores universalistas. Por toda parte, formam-se grupos de defesa dos direitos humanos em prol da democracia e das liberdades individuais. Cada vez mais dominadas pela individualização crescente das condições de vida, as sociedades não mais poderão manter-se alheias ao reconhecimento do indivíduo de direito. Mesmo que a civilização ocidental seja vista como mais uma cultura entre outras, deve-se admitir que ela não é apenas uma cultura particular: algo perpassa a nossa civilização e a transcende, uma vez que seus princípios basilares se acham dotados de validade universal com vocação a se difundir sobre o conjunto do globo.

Ainda que a cultura dos direitos individuais seja dotada de todos os meios para se espalhar pela Terra, nada faz supor, no entanto, que ela constitua o desfecho da história. Com razão, Marcel Gauchet ressalta que só existem dois princípios de legitimação capazes de fundamentar a vida em sociedade: uma fonte de direito, para além da esfera humana (tradições, noções do sagrado, do divino), ou uma fonte imanente a esta[27]. Contudo, importa acrescentar: neste último caso, o sistema de legitimação não é necessariamente o dos direitos originários ligados aos indivíduos, podendo ser aquele da primazia do coletivo em si mesmo, de sua unidade, seus interesses vitais e estratégicos, segurança e poder. Uma acentuada tendência, provavelmente irresistível, induz, nas sociedades livres da influência institucional da

---

27 Marcel Gauchet, *La condition politique*, Gallimard, 2005, p. 485-486.

religião, ao reconhecimento do primado dos direitos pessoais. Entretanto, existe outra vertente que, dependendo das circunstâncias e conforme a ocasião, valoriza a dimensão "holística" da sociedade. Em outras palavras, é a necessária submissão das partes individuais ao todo social. Justamente pelas razões que se acaba de invocar, a linha de maior força histórica, a mais provável, é aquela que levará à vitória dos direitos humanos. Todavia, probabilidade não equivale a necessidade incontornável; uma reviravolta de tendências não pode ser excluída *a priori*.

Se escaparmos de terríveis guerras devastadoras, de imensas catástrofes econômicas ou ecológicas, seremos razoavelmente levados a crer que o reino liberal dos direitos individuais acabará prevalecendo. Caso contrário, nada impedirá a revitalização, sob novas formas, da subordinação dos direitos individuais à ordem de conjunto. De fato, foi esta última lógica que predominou durante a primeira modernidade (nacionalismos de conquista, totalitarismos), e ninguém, em sã consciência, é capaz de assegurar que jamais volte a se manifestar, visto que ela pode desfraldar ideais perfeitamente intramundanos: segurança e bem-estar coletivos, imperativos do futuro etc. Por fim, mesmo que os direitos individuais sejam reconhecidos oficialmente, o sistema político pode pura e simplesmente ignorá-los na prática, a fim de manter a dominação. A esse respeito, as perspectivas estão abertas e são incertas, pois existe a possibilidade de um cenário futuro no qual o efetivo funcionamento político das sociedades se manifeste em contradição com os valores humanistas sobejamente reivindicados. Tudo em jogo, nada decidido: a história tem razões que a própria razão desconhece.

O poder crescente do processo de individualização conduz à rejeição da tese do choque de civilizações propugnada por Samuel Huntington. Ausente por inteiro a heterogeneidade radical das culturas, enclaustradas em essências irredutíveis, homogêneas e imutáveis. Em verdade, as culturas no mundo não cessam de se transformar segundo vias paralelas, senão convergentes, sendo remodeladas por princípios-motores da modernidade e da hipermodernidade. Por trás das diferenças entre as civilizações, movimentam-se fortes tendências similares, precisamente as da cultura-mundo, visto que nenhuma forma de civilização é inteiramente exterior à dinâmica do indivíduo e de suas aspirações. É um processo de individualização que, englobando todos os cantos do planeta, dilui cada vez mais a alteridade das culturas, em benefício de uma modernização cultural universal. Não é um mundo dividido em civilizações estanques que se organiza, mas uma universalização da cultura da individualidade, de sua autonomia e seus direitos.

Dizer que a individualização é uma dinâmica inevitável não significa que ela molde uma humanidade homogênea, com indivíduos com comportamentos e gostos idênticos, desenraizados de todo torrão coletivo. As maneiras de viver, sentir e pensar sempre se enraízam numa cultura particular, isto é, num conjunto de hábitos e costumes herdados do passado. Não há como impedir que indivíduos, mesmo desvinculados de tradições, atomizados, "soberanos", ostentem os traços daquilo que os constituiu. Não há tábua rasa nesse domínio. Nem o regime dos direitos humanos nem a difusão universal dos logotipos e marcas comerciais poderiam criar indivíduos sem liames culturais, imersos numa espécie de entorpecimento absoluto. Tampouco o consumismo ou o individualismo planetários porão termo aos particularismos culturais, à pluralidade dos estilos de existência, sempre modelados, em maior ou menor escala, pela história dos povos.

Alta cultura e cultura-mundo

Em linhas muito gerais, eis o retrato da cultura-mundo. Uma cultura que, como todos sabem, foi objeto de numerosas críticas, de variadas ordens. Nos limites desta análise, examinarei as duas principais.

A primeira diz respeito ao *status* e ao futuro da cultura literária e intelectual, em confronto com o *tsunami* da cultura-mundo. De fato, não é possível negar o êxito desta em transformar, no sentido mais profundo, o pedestal simbólico da alta cultura, solapando o imenso prestígio de que gozava outrora. Resumindo a evolução em curso, a nossa época é testemunha do processo de depreciação e descrédito daquilo que Paul Valéry denominava "valor espírito". A vida intelectual não é mais sinônimo de emancipação do homem ou de nobreza de espírito. Falta pouco para que a expressão "intelectual" assuma de vez uma conotação pejorativa. Sintoma característico disso se encontra no decréscimo da venda de obras sobre ciências humanas, cuja média de tiragens quase não ultrapassa algumas centenas de exemplares: ela foi dividida por dois ou três em trinta anos. Já não existem os "mestres do pensamento" nem grandes correntes filosóficas de introdução aos amplos aprendizados. As grandes visões do espírito perderam o seu poder de fascinação, sua força de atração libertadora. É evidente que a alta cultura está privada de sua aura, dissipou-se seu velho encanto. Cada vez mais distante de evocar ideais, suscita cada vez menos paixões e ímpetos de entusiasmo. A época hipermoderna caracteriza-se pelo retrocesso ou rebaixamento da posição de excelência que ocupava a alta cultura no passado. Na realidade, o "valor espírito" foi substituído por diversão, esporte, pela mídia e por viagens, pela velocidade das informações. Essa dinâmica de desencanto encontra na cultura-mundo (remissão constante às imagens, ao corpo, ao consumismo) a sua origem quase direta.

Tampouco a esfera literária se vê poupada pelo processo de dessacralização. Não é mais nos romances nem no teatro que os jovens encontram os seus modelos, mas nos filmes, nas ficções audiovisuais, nos estádios, no *show business*. Em grande parte, imagem e música tomaram o lugar-chave antes ocupado pela literatura. A cultura do verbo deu lugar ao culto à tela. Assim, o tempo consagrado à televisão e à música vai muito além do destinado à leitura, que deixou de ser a atividade preferida dos jovens. Os programas culturais da TV são relegados às horas tardias da noite, e os apresentadores têm mais notoriedade do que os autores. O tempo da cultura-mundo se distingue pela queda da atração e da autoridade simbólica da "grande cultura".

Resta saber se também as outras formas de arte obedecem a esse processo de desvalorização cultural. Resposta: não é exatamente o que acontece. Basta observar o sucesso popular obtido com as grandes exposições. Há ainda quem se deixe absorver pelo estudo de Píndaro ou Dante? Não obstante, os visitantes dos templos de Atenas e dos museus de Florença se fazem contar aos milhões. Os poemas do século passado caíram no ostracismo, porém a ópera continua atraindo um público sempre entusiasta[28]. Nada disso, no entanto, deve fazer supor que o nosso contato com as obras de arte tenha permanecido inalterado. Elas não são mais contempladas numa atmosfera de recolhimento e silêncio, mas consumidas, engolidas no alarido ensurdecedor das multidões apressadas de turistas. O tempo médio que o indivíduo se detém diante de uma obra de arte exposta em um museu é de seis segundos. Por sua vez, um quarto das obras atrai a atenção por apenas um segundo, e uma décima parte só consegue reter a atenção do visitante durante quatro segundos. É indiscutível que também a relação com o mundo da arte passou a girar na órbita do hiperconsumo turístico, para fins de diversão e preenchimento do tempo livre. A bem dizer, o que se

---

28 O índice médio de lotação do Metropolitan Opera de Nova York é de 88%.

espera hoje da arte não é mais uma ocasião de elevação da alma, e sim uma forma de recreação imediata e fácil, estímulos hedonistas sempre renováveis.

É nesse contexto que se levantaram virulentas discussões contra nosso relativismo cultural, acusado de abolir as hierarquias, sublimar figuras *pop* – a universidade de Liverpool, por exemplo, acaba de instaurar uma nova cadeira, intitulada "Os Beatles, música popular e sociedade" –, estabelecendo uma equiparação entre Shakespeare e Stephenie Meyer, Bach e Eminem, uma gravura de Dürer e um grafite. Tudo sob o pretexto de que qualquer coisa corresponderia a uma manifestação cultural. Esse lamento aparece em numerosos autores. Haveria fundamento nisso? Tenho as minhas dúvidas. O fato é que é difícil encontrar quem equipare obras-primas consagradas pela história e produtos contemporâneos da indústria cultural. De fato, embora lamentemos os rumos da criação artística (atualmente sob o bafejo das imposições midiático-comerciais), os grandes mestres nunca são apeados de seu pedestal. A duração da "contemplação" do público perante as obras de arte já indica a ausência de nivelamento. Quanto mais "contemporâneas", menos as pessoas se detêm perante elas. Obras incontestáveis e gênios situados sempre nas posições mais eminentes, separados por um fosso dos produtos destinados ao consumo cultural corrente: eis o sentimento amplamente compartilhado pelo público hipermoderno.

Não são os valores, no fundo, que se nivelam, mas os comportamentos culturais em si mesmos. Os grandes autores do passado continuam sendo objeto de apreço. Contudo, deixaram de ser lidos, ou de ser tidos como o alimento da vida do espírito. As grandes obras gozam de estima, mas já não suscitam nenhuma particularidade comportamental, uma vez que em toda parte reina a facilidade, o imediatismo consumista. Eis o aspecto marcante de nossa época: a alta cultura continua no topo, mas não produz mais aquela atitude descontraída despertada pelos corriqueiros produtos de consumo. Trata-se, pois, do triunfo do divertimento turístico-hedonista, do triunfo da cultura-mundo, mesmo numa esfera que não lhe é própria.

Na época da cultura planetária, as tendências estéticas da maioria acentuam-se e democratizam-se por meio do turismo cultural, da frequentação dos museus, do interesse pelo patrimônio histórico e paisagístico, da escuta musical. A tal ponto essa febre de atualidades da cultura-mundo se mostrou capaz de dissolver os quadros milenares de nossas raízes culturais que, embora as massas turísticas circulem, de ponta a ponta do planeta, ao encalço das obras-primas da humanidade, é cada vez mais a própria cultura que se lhes afigura extemporânea, enigmática, de obscura compreensão. De fato, em consequência da acentuada descristianização da Europa, quem ainda se revela apto a discernir o que é um afresco romano, uma catedral gótica ou uma pintura de inspiração religiosa da Renascença? Quanto mais os indivíduos se mostram extasiados diante das obras de caráter geral (passando das artes primeiras aos santuários budistas, ou das pirâmides egípcias às ruínas dos maias), tanto mais o seu respectivo legado cultural (especialmente o religioso) vai-lhes parecendo pouco acessível. Todas as estéticas do passado podem ser contempladas, e nada faz realmente sentido: resta apenas o prazer turístico do hiperconsumidor "sem passado", exterior à própria história, ansioso por emoções passageiras, por tudo e por nada. Vemos tudo, não compreendemos muito: é assim que se dissemina em grande escala um consumismo estético de massa "desaculturado". A cultura-mundo democratiza o acesso às obras de arte ao mesmo tempo que subtrai dos indivíduos as referências de seu próprio passado cultural.

Não são somente os indivíduos que são expropriados de seu patrimônio cultural, é a própria grande cultura que, progressivamente, se revela desfeita, metamorfoseada em requintado artifício do espírito, sem alcance real, sem veneração, desprovida de aplicação maior. Não se quer mais morrer, ao menos no Ocidente, por deuses ou ideias. O importante está em outro lugar. Tecendo comentário sobre as obras de arte, já em sua época, Hegel dizia que elas não eram mais "a manifestação íntima do absoluto". A mesma análise se aplica agora à vida cultural de maneira geral. Ela se tornou algo secundário, relativizado, nova espécie de acessório importante, de frivolidade essencial. Ao mesmo tempo, proliferam os museus onde se travam grandes batalhas pela digitalização da biblioteca mundial e onde as vendas de obras de arte atingem valores jamais vistos.

Rumo a um mundo uniforme?

A segunda grande crítica endereçada à cultura-mundo, sobre a qual eu gostaria de me debruçar, diz respeito ao problema do cosmopolitismo contemporâneo e aos riscos de uniformização planetária. De fato, são numerosas as vozes que se erguem contra um universo no qual consumidores do mundo inteiro se comunicam com os mesmos telefones, compram as mesmas marcas, comem os mesmos hambúrgueres, ouvem o mesmo gênero de música, assistem aos mesmos filmes e às mesmas mensagens publicitárias de irradiante felicidade. E tudo sob o influxo dominador norte-americano. Convém recordar que 85% dos ingressos de cinema vendidos no mundo são para filmes hollywoodianos, 50% das ficções televisivas transmitidas pelas redes de TV europeias são importadas dos Estados Unidos, e um terço dos programas televisivos na Europa é de procedência norte-americana. Por isso, a cultura-mundo é frequentemente acusada de ser o império da homogeneização mundial dos produtos, dos consumidores e das culturas, sob o reino neototalitário da "coca-colonização", do McWorld e do império da Disney[29].

É indubitável que as grandes marcas são vendidas pelos quatro cantos da Terra e que as multinacionais da cultura inundam o mercado mundial com os seus produtos. Contudo, não é menos verdade que, paralelamente a esse processo de uniformização, está em curso uma lógica de diversificação e de heterogeneidade, que pode ser observada tanto nas formas de produção quanto nos consumidores e nas atitudes individuais. Sem dúvida, nunca se produziram e se difundiram tantas músicas, filmes, livros, imagens, estilos de todas as espécies. Nunca houve tanta possibilidade de saborear pratos do mundo inteiro. Em vista disso, seria inexato afirmar que a cultura-mundo origine formas de conduta idênticas em todos os cantos do planeta. Estamos na época da *overdose* de escolhas universalizada, que contribui para individualizar as práticas e as preferências das pessoas, cujas manifestações são cada vez mais dissonantes, heterogêneas e ecléticas, multiculturais e híbridas. O indivíduo hipermoderno dispõe de um leque de produtos que cresce sem fim. Se, de um lado, utiliza produtos da mais alta tecnologia, de outro, tem ao seu alcance todos os recursos da medicina tradicional. Pode ouvir *rap* e ser adepto da astrologia; fazer *jogging* com o seu iPod e praticar ioga; calçar tênis Nike e vestir túnicas africanas; consumir *ketchup* e ser adepto das massagens chinesas, ler tarô ou fazer meditação zen. Tudo coabita de modo abundante num imenso mosaico, rachado e fragmentado, formado de produtos, práticas, culturas e memórias históricas diversificadas.

Nesse sentido, cumpre desmentir a versão segundo a qual a cultura-mundo seria uma usina que fabrica sempre mais uniformização, que aniquila a diversidade em favor do uno universalizado, que promove diferenças falsas, diferenças cada vez mais iguais. Inegavelmente, as distâncias entre as

---

29 Benjamin R. Barber, *Djihad versus McWorld*, Desclée de Brouwer, 1996. [Publicado no Brasil em 2004 sob o título *Jihad x McMundo* pela Record.] Igualmente, George Ritzer, *The McDonaldization of Society*, Thousand Oaks, Pine Forge Press, 1996.

sociedades se estreitam; ao mesmo tempo, porém, amplia-se a diferencia-ção entre indivíduos e estilos de vida no cerne dessas mesmas sociedades. A marcha em direção à uniformização transnacional caminha lado a lado com a diversidade crescente dos costumes, assuntos e preferências, numa coexistência entre a ditadura da mesmice global e a espiral das diferencia-ções subjetivas. A ideia de que a "quantidade mundial de diferenças" está em declínio só exprime uma das facetas da realidade. Isso porque, se a cultura-mundo nos transporta para o indiferenciado, isso ocorre somente por causa da exacerbação do princípio plural das variações individuais, da personalização-heterogeneização dos tipos de comportamento, das maneiras de viver e sentir.

Por mais que a época hipermoderna se caracterize pela propagação de uma cultura transnacional consumida por todo o mundo, ela não deve impedir o reconhecimento dos limites, das resistências, dos bloqueios que encontra. Apesar do ímpeto propulsor dos objetos e símbolos universalistas, as sociedades, os comportamentos, as maneiras de ser, sentir e consumir, de um modo ou de outro, continuam mais ou menos pautados pelas respectivas origens históricas, pela língua, pela cultura. Seria dar mostras de incrível ingenuidade presumir que os grandes fluxos transnacionais pu-dessem erodir as diferenças de ordem cultural ou a força determinante das "raízes" nacionais e particularistas. As diferenças culturais se adelgaçam, aproximando-se; no entanto, as afirmações identitárias continuam de vento em popa. Não estamos em presença de uma suposta unificação cultural em âmbito planetário, mas de múltiplas versões de uma mesma cultura-mundo esteada no capitalismo e no desenvolvimento técnico-científico, no indivi-dualismo e no consumismo.

Inúmeros são os fenômenos que delimitam os contornos da cultura--mundo. A começar pela persistência dos particularismos das nações. Assim, se, de um lado, o planeta tende a unificar-se, de outro, inequivocamente, multiplicam-se os micronacionalismos secessionistas, bem como a supera-bundância dos novos Estados, que, de 51 em 1945, saltaram para 192 em 2008. Inquestionavelmente, o impulso social da cultura universalizada não conseguiu exaurir a ideia e o valor da nação. De resto, é provável que essa tendência ainda se desdobre, à medida que as forças transnacionais sejam capazes de suscitar, por reação, a revalorização da diferença e da identidade nacional, a vinculação ao território e à memória nacional como maneiras de reafirmação pessoal. A cultura-mundo não constitui nenhum prenúncio de uma era pós-nacional, mas da fragmentação geopolítica numa multiplicidade de Estados, assim como da emergência de novas grandes potências políticas (China, Índia, Rússia, Brasil). O avanço da cultura-mundo e a reafirmação dos particularismos nacionais são inseparáveis.

Outro grande fenômeno que ilustra as limitações da cultura-mundo é aquilo que nos habituamos a designar – aliás, muito impropriamente – pela expressão "retorno do religioso". Como resposta aos males de uma época estruturalmente desorientada e geradora de ansiedades, a cultura-mundo fez voltar à ordem do dia o apelo às formas de espiritualidade; eis porque estaria nos antípodas da cultura-mundo falar em generalização do materialismo. Nós assistimos aos mesmos filmes, mas a diversidade de crenças e dogmas perdura. Provavelmente, são convergências que vêm à tona: desterritoria-lização e desinstitucionalização das religiões, multiplicação das influências mútuas, religiosidade nômade, individualização das crenças. O budismo ostenta agora traços de protestantismo, ao passo que o cristianismo tende a incorporar técnicas de meditação oriental. No momento da cultura-mundo, um árabe não é necessariamente muçulmano, nem um italiano é forçosa-mente católico. Sem dúvida, são fenômenos novos, mas que nem por isso excluem as diferenças teológicas e a revitalização das diversas memórias religiosas [30]. Se, de um lado, as formas de religiosidade podem se aproximar, as identidades religiosas continuam inconfundíveis.

Também a língua assinala os limites da cultura planetária. Segundo os linguistas, mais de 7 mil idiomas são atualmente falados no mundo, dos quais 2.500 correm o risco de extinção. Alguns especialistas adiantam que, no decurso de nosso século, de 50 a 90% das línguas desaparecerão. Contudo, nada disso é sinônimo de uma marcha rumo à unificação mundial das línguas. As pessoas podem vestir o mesmo *jeans* e ouvir os mesmos CDs em todos os continentes, mas fazem questão de usar a língua ma-terna. Claro, presenciamos o desenrolar de fenômenos como o *hinglish*, amálgama entre os idiomas inglês e híndi, mas esse hibridismo linguístico não vai muito além dos limites da publicidade, do cinema destes últimos quinze anos, dos "nichos" das grandes metrópoles indianas. E, embora o inglês universal tenda a afirmar-se como língua internacional, não é esse idioma que põe efetivamente em risco a diversidade linguística, mas as línguas regionais que se impõem em detrimento das línguas "de pequeno

---

30 Danièle Hervieu-Léger, *La religion pour mémoire*, Cerf, 1993.

porte". Na Tanzânia, por exemplo, é o *swahili* que constitui risco para as dezenas de línguas faladas no país. Não há rigidez em nada. As línguas são um fenômeno vivo; algumas desaparecem, outras tantas nascem ou ganham força, como se vê em certas regiões do globo (Catalunha e País Basco). Muitas línguas irão desaparecer, mas as centenas ou milhares de "grandes" línguas que continuarão no mundo serão alvo de forte investimento enquanto vetores identitários de grupos ou de indivíduos desejosos de valorizar as suas diferenças.

O mesmo ocorre no terreno da culinária. Claro que a Pizza Hut ou o McDonald's vendem os seus pratos em todos os recantos da Terra, e a moda é a cozinha "*fusion*", que mistura ingredientes e sabores de diversas regiões do mundo. Aliás, na Ásia, na América Latina e na África, os novos modismos alimentares, mais ricos em calorias, estão na origem da evolução alarmante dos índices de obesidade que, até recentemente, atingiam apenas os países desenvolvidos, com os Estados Unidos à frente [31]. Contudo, essas inegáveis convergências não nos devem fazer perder de vista que os cardápios "nacionais" muito específicos de cada país continuam em voga – ou seja, a alimentação chinesa continua chinesa, assim como a italiana continua italiana e perfeitamente reconhecível. Na Europa, cresceu o interesse pela culinária de cada país, assim como pelas particularidades locais. Hábitos alimentares, preferências culinárias, receitas ou produtos especializados à venda nos supermercados dos mais variados países, nada disso deixou de existir no processo de uniformização cosmopolita. De fato, o fenômeno é tão penetrante que o próprio McDonald's (um dos símbolos da globalização) resolveu comercializar os seus cardápios adaptando-os aos costumes e gostos de cada região. Nesse sentido, pois, a suposta homogeneização gastronômica mundial não passa de miragem.

Genericamente falando, são os produtos que envolvem uma dimensão estética que conservam a influência das características locais. Por ocasião de festividades, casamentos, recepções oficiais, as mulheres chinesas – que cotidianamente se vestem com roupas de marca europeias – ainda usam o vestido *qipao*. A Índia apossou-se do cinema – invento europeu –, adaptando-o ao seu imaginário, aos seus mitos, à sua cultura milenar. Vemos *popstars* ou modelos sensuais e cosmopolitas trajando saris adaptados. Também o *bindi* tradicional na testa continua em uso, ainda que transformado em acessório

---

31 O sobrepeso atinge, por exemplo, aproximadamente um quarto da população chinesa.

da moda. Os indianos revelam preferir filmes produzidos em Bollywood aos de Hollywood. Assim, por exemplo, no ano em que foi lançado *Titanic*, as rendas provenientes de filmes norte-americanos não excederam 4% do volume total do mercado. Ao mesmo tempo, o país inteiro deixou-se empolgar pela adaptação para a TV de *Ramayana* e do *Mahabharata*: cerca de 80% da população acompanhou, a cada domingo, os episódios da minissérie que reinterpretou, de forma "mítico-eletrônica", a sua história milenar [32].

Na França, o êxito do filme *Bienvenue chez les Ch'tis*, centrado no local, quase se igualou ao do *Titanic*. No Brasil, por sua vez, as telenovelas brasileiras obtêm um sucesso considerável, e a produção musical nacional perfaz 90% do mercado local. A versão *hip-hop* que predomina na música coreana (com a sua revolta em relação aos rígidos padrões daquela sociedade) está bem distante do *gangsta rap* norte-americano: as vendas relacionadas com esses grupos musicais coreanos representam 70% do total. As indústrias culturais norte-americanas podem até exercer domínio sobre o mercado mundial, mas isso não significa que todas as culturas estejam em vias de americanização. É preciso assinalar: línguas, literatura, religiões, história, tradições artísticas não cessam de restabelecer o quadro das diferenças culturais, da "indigenização", tanto no que diz respeito à produção quanto aos modos de ver, comportar-se e sentir.

É nesse contexto que se multiplicam as formas de expressão cultural híbridas, que promovem uma mescla das diferentes culturas do mundo. Podemos atestá-lo pelo desenvolvimento da *world music*, estilo no qual se fundem ritmos modernos e tradicionais, instrumentos elétricos e instrumentos antigos, numa mistura de ritmos de origens diferentes, como *jazz* e samba, *raï* argelino e *blues*, música indiana e *rap*, flamenco e *rock*. O mesmo se verifica com os mangás japoneses e com os *feuilletons* egípcios; com as telenovelas brasileiras e com os dramalhões mexicanos, resultado de um amálgama do modelo norte-americano com as realidades culturais locais. Igualmente existe uma espécie de fusão dos modelos alimentares, de que constituem exemplo os restaurantes vietnamitas, indianos e paquistaneses instalados nas cidades ocidentais. Até o universo da beleza feminina se acha englobado nesse processo de "glocalisation" [33], mediante a combinação

---

32 Jackie Assayag, *La mondialisation vue d'ailleurs. L'Inde désorientée*, Seuil, 2005.

33 Esse conceito, elaborado por James Clifford, faz ver que os sinais e modos de vida difundidos pela "cultura mundial" vêm sempre acompanhados de uma adaptação ou

52 A GLOBALIZAÇÃO OCIDENTAL

dos cânones estéticos ocidentais modernos (silhueta esbelta e esportiva, *sex appeal*, perfil longilíneo, nariz fino) com modelos diversos, plurais, étnicos, "etnochiques". Na cultura-mundo coabitam produtos formatados e produtos "miscigenados", originados do entrecruzar-se de todas as correntes e de todos os estilos do mundo. Em síntese, a globalização não gera só homogeneidade – também dá andamento ao hibridismo entre o global e o particular, à fusão do cosmopolita com o nacional [34].

Por todo lado, os particularismos se aguçam e se exaltam. Reafirmam-se a exigência da volta às raízes e a importância do legado cultural e religioso; em toda parte, são procurados os meios que assegurem a primazia nacional. Quanto mais se consome a cultura americanizada, tanto mais as reivindicações identitárias e as demandas de diferença cultural tomam relevo. De fato, a globalização associa cosmopolitismo e exaltação do caráter nacional. Quanto mais os indivíduos participam da cultura-mundo, mais se veem compelidos a defender as suas respectivas identidades de ordem cultural e linguística. Hoje, na época da cultura-mundo, ser "você mesmo" não é mais negar o próprio passado, mas, sim, tentar recuperá-lo, resgatar uma história, o legado coletivo. Não cabe, pois, falar em tendência exclusiva para a uniformização do mundo, e sim, numa revitalização das culturas destinada a se opor ao sentimento de despojamento de si e a fortalecer as identidades nacionais. De fato, o cosmopolitismo da cultura globalizada não extingue os particularismos vernaculares, mas contribui para neles injetar uma legitimação nova, um renovado valor emocional e identitário, considerado uma maneira de assegurar a autoestima e de pôr em destaque as características identitárias particulares num universo transnacional.

No empenho de criar profissionais de padrão internacional, desligados de todo e qualquer elo com a cultura de origem, o gerenciamento das empresas multinacionais não teve maior êxito do que o *mass market*. Provavelmente, presenciamos a expansão de uma nova elite transnacional, isto é, de uma nova "classe global", composta por executivos e administradores formados de acordo com os modelos de gestão anglo-saxões, que estão sem-

---

de uma reconstituição ligada às culturas locais. Ver James Clifford, *The Predicament of Culture. Twentieth Century Ethnography, Literature and Art*, Cambridge (Mass.), Harvard University Press, 1988.

34 Arjun Appadurai, *Après le colonialisme. Les conséquences culturelles de la globalisation*, Payot, 2001.

pre viajando, se adaptam facilmente, possuem vários diplomas, estão sempre à vontade em qualquer lugar, falam vários idiomas, frequentam os mesmos hotéis e se divertem nos mesmos lugares. Entretanto, há muitos estudos demonstrando que essa elite – altamente qualificada e envolvida no universo da competição internacional – permanece vinculada aos seus países de origem, apta a pleitear o respeito às próprias raízes e ao passado histórico, bem como aos demais valores que não são os da grande empresa internacional. Se por um lado os liames com a sua profissão são ocidentalizados, por outro, as demais dimensões de sua identidade remetem a especificidades nacionais ou étnicas. Apesar de sua intensa mobilidade, da aquisição de padrões "universais" de gestão e de racionalidade, assim como da internacionalização das carreiras, empresários e especialistas globais continuam a se identificar com as comunidades de onde provêm, cultivando estreitos vínculos com as nações de origem [35]. A internacionalização da economia e as grandes multinacionais em nada suprimem os particularismos culturais e os enraizamentos étnicos. Ao contrário, fazem com que convivam com a cultura da racionalidade instrumental num contexto de diversidade e heterogeneidade de estratégias identitárias [36]. No âmbito das empresas globalizadas, a fidelidade étnica e as identidades nacionais não possuem o mesmo grau de vigor. Contudo, esses elementos perduram como forma de reapropriação de seus traços de origem e também como uma espécie de garantia de confiança e valorização, fazendo de cada qual artífice de seu destino. O objetivo do gerenciamento cultural é explicar essa diversidade cultural e levá-la em consideração, a fim de aperfeiçoar os recursos humanos da empresa.

A experiência migratória ilustra, da mesma maneira, os contornos da cultura planetária. A maior parte dos que emigram empenha-se em manter

---

35 Todavia, esse fenômeno não se generalizou. Por exemplo, as elites de origem estrangeira do Vale do Silício, induzidas por um individualismo de forte teor competitivo e calcado na exacerbação dos critérios da meritocracia, mostram-se pouco inclinadas a fazer valer as suas raízes identitárias. Ver Marc Abélès, *Les nouveaux riches. Un ethnologue dans la Silicon Valley,* Odile Jacob, 2002, p. 52-60.

36 Philippe Pierre, "Mobilité internationale des élites et stratégies de l'identité", *Revue européenne des migrations internationales*, vol. 19, n. 1, 2003. Saskia Sassen alude, nesse sentido, à existência de "grupos globalizados parcialmente autônomos em relação às respectivas pátrias". Ou seja, não necessariamente cosmopolitas, mas que se encontram numa situação intermediária e indefinida entre o mundial e o nacional. Ver *La globalisation. Une sociologie*, Gallimard, 2009, p. 173-198. [Publicado no Brasil em 2010 sob o título *Sociologia da globalização*, pela Artmed.]

54 A GLOBALIZAÇÃO OCIDENTAL

estreitos os vínculos com os membros de sua família, por meio de ajuda financeira constante, além de telefonemas mais ou menos frequentes. Permanecem ligados aos seus respectivos locais de origem, mostrando-se solidários com os novos candidatos à emigração e sem abrir mão de seus hábitos de consumo alimentar, de sua indumentária e de seus padrões estéticos de decoração de interiores (que, por vezes, são reconstituídos de forma *kitsch*). A tal ponto os migrantes, nesse fluxo de mobilidade social, conservam os enraizamentos culturais, os rituais identitários e os vínculos de ordem afetiva com a pátria-mãe, que é como se "partissem sem ir embora", como escreve Fariba Adelkhah [37]. Os economicamente bem-sucedidos também preservam os laços sentimentais com a terra natal, principalmente por meio de doações e investimentos energéticos ou econômicos na região de onde provêm [38]. As assim chamadas diásporas não chegam a representar uma forma de opressão social e cultural, pois se definem prioritariamente por sua consciência de vinculação nacional [39]; outras vezes, por sua vinculação local ou regional. Nos casos em que os sentimentos nacionalistas das comunidades expatriadas são mais radicais que os dos compatriotas que permaneceram "na terra", há quem discirna, nesse gênero de migrantes, uma forma de "nacionalismo à distância" [40]. É o que de modo especial se verifica nos movimentos de armênios, curdos, tâmeis do Sri Lanka, croatas e sikhs.

Assim como a cultura-mundo não leva à extinção dos limites territoriais urbanos, também não o faz com os sentimentos nacionais. De fato, os migrantes hipermodernos reconstituem, nas metrópoles ocidentais, territórios, bairros e redes de contato. Têm seus pontos de encontro, abrem bares e restaurantes de comida típica, delineando, assim, circuitos transnacionais de migração. Em toda parte, constroem-se bairros de etnias e religiões diversas – zonas "glocais" e transnacionais. Noutras palavras, ao mesmo

---

37 Fariba Adelkhah, "Partir sans quitter, quitter sans partir", *Critique internationale,* n. 19, 2003.
38 Fariba Adelkhah, "Le retour de Sindbad. L'Iran dans le Golfe", *Les Etudes du CERI,* n. 53, maio de 1999.
39 Abdelmalek Sayad, *La double absence. Des illusions de l'émigré aux souffrances de l'immigré,* Seuil, 1998.
40 Benedict Anderson, *The Spectre of Comparisons: Nationalism, Southeast Asia, and the World,* Londres/Nova York, Verso, 1998. Igualmente, Alain Dieckhoff e Christophe Jaffrelot, "La résilience du nationalisme face aux régionalismes et à la mondialisation", *Critique internationale,* n. 23, abril de 2004.

tempo em que se desterritorializam os mercados, as imagens e os homens, a cultura-mundo reconstrói as redes sociais, bem como instaura novas formas de realinhamento territorial transnacional[41]. Geradora de traçados territoriais "não definidos", a cultura-mundo é igualmente produtora de sólidas formas de sociabilidade específicas. Assim, no alto da escala social, estão as *gated communities*, e, na parte inferior, os grupos de jovens que disputam e defendem seus "territórios".

A cultura-mundo coincide com a entronização da sociedade da informação e da comunicação, sob a égide norte-americana. Contudo, importa observar que as populações do terceiro mundo e as diásporas intercontinentais estão longe de associar-se às informações veiculadas pelas redes ocidentais. Nem sempre as mesmas informações são entendidas da mesma forma por cada uma das populações da Terra, pois as culturas identitárias atuam como lentes multifocais que fazem perceber a realidade com graus muito variáveis. Exemplifiquemos: as imagens difundidas pela CNN, por ocasião da Guerra do Golfo ou após o fatídico 11 de setembro, foram recebidas de forma diversa pelas populações do Ocidente e do Oriente. De maneira semelhante, as imagens de confrontação militar no Líbano e na Faixa de Gaza têm sentido diverso para árabes e judeus. Logo, a cultura-mundo não é aquela pretensa "aldeia global" uniforme. Quanto maior o número de informações internacionais, mais as de procedência exclusivamente norte--americana tendem a ser rejeitadas, contestadas, percebidas como imperialismo cultural por várias populações do Oriente e da África. É nesse contexto que a rede Al-Jazira se atribui a missão de veicular uma interpretação dos conflitos internacionais mais de acordo com a sensibilidade dos árabes do que com a das grandes redes noticiosas ocidentais, correspondendo aos anseios dos muçulmanos que não se veem representados na mídia dominada pelos Estados Unidos. Trata-se mais propriamente da ascensão do ressentimento contra o Ocidente, e os Estados Unidos em particular, do que da eliminação das distâncias culturais. Sem dúvida, a abolição virtual das fronteiras pelas redes de comunicação não conduz à eliminação das incompreensões e divisões nem das percepções particulares do mundo ou das sensibilidades divergentes ligadas às identidades culturais.

---

41 Jean-François Bayart, op. cit., p. 180-195.

A desforra da cultura

A persistência das diferenças culturais vai muito além dos fenômenos descritos, exprimindo-se de modo particular nas novas formas de violência e confronto que acompanham a globalização. Até a cultura, em nossos dias, adquire a fisionomia de uma força desagregadora, causa de conflitos e diferenças. Por isso, segundo os postulados hipermodernos, já não se pode entendê-la apenas como o conjunto de sistemas simbólicos que aglutinam e unificam os homens[42]. Tais fatores negativos transparecem por toda parte nas novas guerras identitárias, nos massacres e "limpezas" étnicas, nos fanatismos do terrorismo, nas diversas formas de fanatismo religioso e nas demais manifestações de fundamentalismo. Por toda parte, as violências desencadeadas no mundo (que se associam ao fim da divisão do mundo em blocos e ao enfraquecimento das estruturas estatais) estão repletas de componentes culturais e étnicos, religiosos e nacionais. Quanto mais o curso mundial se acha na dependência dos mecanismos de mercado, mais aumentam as reclamações cultural-identitárias. Não é só a cultura que gera os conflitos: ela representa um fator cada vez mais suscetível de ser instrumentalizado e de intensificar as origens clássicas dos antagonismos que assolam o mundo – a saber, as disputas geopolíticas, os interesses econômicos, as relações com o poder e as ambições políticas.

Certamente não é exato falar em "guerra de civilizações", pois a expressão não leva em conta o fato de que a maior parte dos conflitos eclode não entre civilizações, e sim no interior destas (guerra entre o Irã e o Iraque, guerra civil no Sri Lanka, violências e etnocídios em Ruanda e nos Bálcãs)[43]. Mesmo assim, essa tese não é desprovida de algum fundamento, uma vez que os fatores de natureza cultural passaram a desempenhar realmente um papel central nos antagonismos coletivos contemporâneos. A esse respeito, deve-se observar que a era da globalização hipermoderna não significa o "fim das ideologias" nem o "fim da história", que, segundo essa tese, seria conduzido agora apenas pela lógica dos interesses materiais e pela esfera do consumo. O antiamericanismo se propaga; em toda parte

---

42 Na cultura-mundo, dois fenômenos possuem essa dimensão unificadora: de um lado, os movimentos humanitários; de outro, a noção de "patrimônio universal da humanidade", promovida pela Unesco.

43 Nem o antiamericanismo – em vigor nas terras do Islã, como também na Europa e na América Latina – relaciona-se com o choque das civilizações.

se espalham lutas e guerras. Excomunhões e massacres são ordenados por mitologias nacionalistas, por cruzadas moralizadoras, por arroubos retóricos de autenticidade, por neomessianismos, por ideias de pureza religiosa ou étnica. Nesse sentido, ao invés de eliminar, a cultura-mundo deu novo impulso, sob novas facetas, ao reino do imaginário ideológico, do religioso e do identitário.

Mesmo nas democracias mais avançadas, a cultura opera como uma esfera altamente polêmica. Isso pode ser atestado nas querelas em torno da laicidade, na revivescência de guerras que pareciam sepultadas na história, em pleitos de ordem linguística e em controvérsias sobre a liberdade das seitas. Acrescente-se, ainda, o enfrentamento ético relativo à eutanásia, ao aborto, à procriação, às manipulações genéticas, à legalização das drogas, à adoção de crianças por homossexuais e à castração química ou física para os maníacos sexuais. Com toda evidência, a cultura adquiriu nova centralidade polêmica, tendendo a se impor como fator de divisão social, fonte perpétua de conflitos, sempre com ressonâncias no campo político. Assim, enquanto se difunde o "horror econômico", presenciamos, de forma paradoxal, a inclusão das questões culturais no cerne das tensões coletivas contemporâneas. A nossa época é testemunha do aumento dos conflitos éticos, das demandas e das afirmações culturais, que redirecionam cada vez mais a vida coletiva aos temas da reconstituição histórica e da etnicidade dos povos, do reconhecimento e das diferenças culturais. Eis o que se poderia denominar a "desforra da cultura".

Evitemos, porém, reconhecer aí uma ressurgência tradicionalista. No nosso meio, a desforra da cultura nada mais é que uma nova etapa no processo de democratização e individualização que investe no terreno dos "valores", agora desarraigados, entregues à arena dos debates públicos e contraditórios, aos questionamentos individuais e coletivos, num momento em que a Igreja não mais determina, soberanamente, os campos de atuação do bem e do mal. Valores éticos, identidades coletivas, revivescência do passado histórico: no mundo hipermoderno secularizado, bem se vê, nenhuma instituição é capaz de fixar uma visão do mundo e um sistema de valores incontestáveis, pois tudo é colocado em discussão, com o incremento das reivindicações de reconhecimento dos diferentes grupos sociais. A desforra da cultura reproduz também os impasses de um mundo consumista hipertrofiado, incapaz de conferir um sentido à existência. No fundo, porém, esse quadro é alentador. Constitui a prova de que o consumismo não conseguiu satisfazer as aspirações humanas em sua totalidade. De fato, por maior que seja o frenesi das compras, os homens não perderam sua capacidade de indignação moral nem abandonaram o desejo de fazer triunfar as causas justas, de se definir por outra coisa que não sejam as marcas, as viagens, as diversões do consumo.

A desforra da cultura ainda não mostrou todas as suas cartas. Ainda que seja ilusório acreditar numa superação próxima da cultura-mundo mercantilizada, o que se anuncia é uma nova cultura centrada no desenvolvimento sustentável, na denúncia dos escândalos financeiros e das desigualdades extremas, como também na busca de sentido para a vida. Para trilhar esse novo percurso, a iniciativa política e o progresso técnico-econômico não se mostram suficientes. Sentimos a necessidade de uma reinserção cultural, a fim de melhor compreendermos a posição em que nos situamos e, assim, fugir da efemeridade do superficial e do espetacular.

A hipermodernidade corresponde à época que se desenrola em torno da desregulamentação, da desinstitucionalização e da profusão de mercadorias. Isso traz como consequência uma confusão de todos os nossos pontos de referência e de conexão com o mundo, a perda de confiança nas grandes instituições e uma incerteza generalizada. Seja na divisão direita-esquerda ou na forma de conceituar o progresso, seja nas questões referentes à globalização, à economia liberal, à técnica, à mídia, à alimentação, à educação e à arte, não há nada que escape ao princípio hipermoderno de desestabilização das coordenadas maiores ou menores de nossa existência. Eis por que o universo da cultura-mundo tende a se tornar indecifrável, confuso e caótico. O homem da cultura-mundo já não obedece a autoridades superiores, já não dispõe de lentes nem de bússola para se fazer guiar. Até há pouco, como vimos, era a cultura que fornecia o aparato simbólico permanente para a vida humana, aquilo que dava sentido à experiência do mundo, da vida e da sociedade. Isso deixou de ser assim: para muitos efeitos, aliás, é o mecanismo contrário que se põe em movimento. A cultura-mundo emerge como sendo aquilo que propicia aos indivíduos as chaves para a apreensão do universo. Não abre clareiras para definir a realidade das coisas ou aquilo que virá; ela simplesmente desestrutura as que outrora eram as balizas da vida. Sintetizando, a cultura edificava um mundo familiar e simples. Agora, porém, no mesmo momento em que as distâncias diminuem, a informação prolifera e tudo está ao alcance de um clique do mouse, a hipercultura nos transforma em estranhos para nós mesmos. Quanto mais o indivíduo é chamado a se responsabilizar por si mesmo, mais desorientado se vê, privado que está dos antigos meios que lhe permitiam viver em um mundo compreensível.

Daí procede a nossa tarefa primordial: auxiliar os homens na busca de um mundo menos opaco, mais "habitável". Em suma, reavivar o controle humano sobre o contexto da sua existência. Sob esse prisma se afirma a necessidade de uma *cultura geral*, cujos fundamentos e contornos, sem dúvida, é imperioso redefinir. Nesse sentido, tudo ainda está para ser feito, porquanto a cultura geral ao estilo antigo já não é capaz de fixar parâmetros. Uma cultura geral que se poderia definir como *cultura da história* forneceria as linhas-mestras de solidez, os eixos de estruturação, as duras formas da evolução humana, que aportariam condições para melhor compreendermos o mundo em cujo contexto evoluímos. Quando a religião e a política deixam de indicar os rumos, surge a necessidade de destacar as grandes matrizes da aventura humana, as principais mudanças, as grandes revoluções do saber, da mentalidade e das artes. Quanto mais a informação de curto prazo prepondera, mais fortalecemos o eixo da longa duração e das profundezas da história, para se contrapor à ilegitimidade dos dias atuais, fonte de desordem e de retração sobre si.

O que temos de esperar da cultura não para por aqui. Podemos também mobilizar as faculdades ativas de cada indivíduo, proporcionando aos talentos criativos a possibilidade de se manifestarem em todos os domínios da atividade humana, tanto nos mais altos como nos mais ínfimos. Tais poderiam ser o novo sentido e a nova função da cultura: servir de contrapeso ao império do consumismo passivo abrindo as comportas do imaginário. Frequentemente associamos à cultura as obras-primas da humanidade que, desafiando o tempo, permitem a formação e a elevação do espírito. Por mais legítima que seja, essa abordagem não basta. No sentido mais amplo, é a cultura que, no plano antropológico, institui modelos simbólicos e imaginários, edifica o ser humano impondo-lhe regras, fixando-lhe objetivos e uma hierarquia de valores. Uma das consequências dessa abordagem é o fato de que, antes mesmo de corresponder à sua nobre missão espiritual e intelectual, a cultura não pode ser dissociada da tarefa de formação humana em ampla acepção. Nessa perspectiva, é preciso conceber a cultura como aquilo que deve abrir os horizontes de cada um, estimular sentimentos elevados, oferecer projetos que não se limitem a consumir.

Tal deveria ser a grande ambição humano-social da escola: não só levar à aquisição de um saber fundamental e ao acesso às obras consagradas, mas também estimular os anseios de criação, as paixões ativas de todo gênero, impulsionar o desempenho múltiplo dos jovens nos mais variados domínios, como desenho, vídeo e música, e também em outras formas de trabalho, empreendimentos ou iniciativas filantrópicas. No contexto da cultura-mundo, seria ingenuidade esperar a salvação unicamente com base nos inegáveis predicados da alta cultura. Trata-se, é claro, de algo útil, talvez necessário, mas insuficiente, decerto. A missão superior da escola e da cultura consiste em oferecer aos homens instrumentos que lhes permitam vencer os limites de si mesmos, fazê-los ser "mais", cultivar suas paixões e seu imaginário criativo, independentemente da esfera de atuação ou criação.

Não se trata, portanto, unicamente de engrandecer o "valor espírito", mas de propiciar o desenvolvimento de uma formação inicial que possa impelir os homens a não viver apenas para o consumo efêmero e tentacular. Na época da sociedade do hiperconsumo, isso poderia efetivamente constituir uma outra faceta da desforra da cultura, ou seja, uma faceta positiva, voltada para o futuro e depositária da mais alta concepção do homem. Por certo, comprar produtos de grife e readquiri-los continuamente, nada disso se acha à altura daquilo que temos o direito de esperar da vida e do homem. Por isso, mais do que nunca, a nossa época se encontra na expectativa de transformações no sistema educativo que permitam fornecer eixos de referência aos jovens, abrindo seu espírito e sua existência a dimensões mais diversas e ricas, aumentando sua autoestima mediante atividades que os incitem à superação de si mesmos, a ser protagonistas da própria história.

Os recursos da cultura são notáveis e mais necessários do que nunca para atenuar os efeitos desagradáveis da globalização e dos modos de existência atuais. Se, de um lado, a dinâmica da globalização, em grande medida, foge da dominação voluntária do homem, de outro, é inegável que a cultura educativa continue sendo o domínio sobre o qual podemos exercer considerável influência, comportando ampla margem de manobra. Nesse ponto, há muito o que mudar, arquitetar, conceber, para que possamos reorientar a vida rumo a outros horizontes. Uma bela e positiva desforra da cultura frente à mecânica incontrolável dos fluxos financeiros.

Globalização e ocidentalização

As reafirmações identitárias, a reinvenção das tradições e as diversas miscigenações culturais não somente indicam os limites da uniformização/

norte-americanização do mundo, como também expressam, junto a outros fenômenos, as limitações da antiga hegemonia ocidental. O mundo ocidental, de fato, durante longo período, valeu-se de uma supremacia absoluta nos domínios científico e tecnológico, econômico e militar. Colonizou continentes inteiros e se atribuiu um papel civilizador de ordem universal. Passamos dessa fase. Hoje, a Europa já não pretende ser o agente superior da civilização universal. A União Europeia é provavelmente a maior potência comercial da Terra. No entanto, dividida e entravada por mecanismos burocráticos, revela-se nesse momento incapaz de, nas relações internacionais, desempenhar um papel de protagonista, dotada dos instrumentos aptos para fazer valer a sua força política e militar. Por seu modo de vida e seus valores democráticos, o Velho Continente cativa, mas a sua capacidade de influir nos negócios internacionais permanece fraca. Por sua vez, também o *status* de hiperpotência dos Estados Unidos se encontra abalado, em decorrência do surgimento de novos centros de poder econômico e político[44], de sua incapacidade de estabilizar o capitalismo globalizado, de seu modelo econômico baseado no superendividamenteo e na especulação exacerbada, e da indefinição das guerras do Iraque e do Afeganistão. O dado novo consiste no fato de que o Ocidente já não é porta-voz exclusivo da modernidade econômica e da tecnologia. Muito rapidamente, o centro do capitalismo globalizado aponta em direção à Ásia. Quando se dá o triunfo da cultura--mundo, o Ocidente já não é o centro da economia-mundo: está superado o tempo de sua supremacia absoluta e incontestada.

Incapaz de dar, por seus próprios meios, uma resposta pertinente aos abalos do sistema econômico de 2008, de vencer as ameaças terroristas, a proliferação nuclear, os altos índices de criminalidade econômica e financeira e de estancar os fluxos imigratórios (anualmente, 500 mil pessoas ingressam clandestinamente em território norte-americano), a maior potência mundial não cessa de revelar a sua dependência econômica e financeira diante do resto do mundo (em particular da China) e a sua incapacidade de regulamentar o caos generalizado típico da época hipermoderna. Na

---

44 Evitemos, porém, interpretar o desenvolvimento das novas potências como um sinal precursor do começo de um inelutável declínio dos Estados Unidos. Segundo Goldman Sachs, a participação dos Estados Unidos, do Canadá e do México no PIB mundial, no ano de 2050, será de 23%. Trata-se de uma parcela muito próxima da que correspondia aos Estados Unidos em 1960 (26%) e em 1980 (22%), citada por Michael Lind, "Le mythe du déclin américain", *Le Débat*, setembro-outubro de 2008, p. 93.

época da cultura-mundo, a hegemonia do Ocidente sob a liderança norte-americana chegou ao fim, e seu poder de se impor como modelo para o mundo inteiro sofre um acentuado e progressivo desgaste.

A perda da centralidade do Ocidente se situa muito além do domínio econômico – diz respeito ao plano das representações, das ideias e dos valores. Enquanto a glorificação das formas de cultura etnoidentitárias se desenrola aos nossos olhos, cá e lá surgem manifestações de hostilidade em relação aos Estados Unidos, claro desdém pelos seus valores materialistas insignificantes e aversão aos seus hábitos sexuais "decadentes". Embora o "sonho de vida norte-americano" esteja longe de acabar, nunca o ressentimento contra os Estados Unidos se mostrou tão virulento. Por quê? O *american way of life* cintilava como uma promessa de emancipação e bem-estar. Eis agora os Estados Unidos desacreditados e rejeitados (não sem ambivalência), identificados como uma superpotência arrogante, ávida em abocanhar fatias do mercado, em impor os seus valores – direitos humanos e democracia liberal – por meio de guerras, pela imposição de medidas econômicas arbitrárias (via FMI e Banco Mundial), pela colonização cultural e pelo apoio a Israel. A cultura-mundo significa o triunfo do espírito capitalista, mas, ao mesmo tempo, anda junto com a animosidade contra os Estados Unidos, que, de forma prototípica, simbolizam o regime. O antiamericanismo, uma repulsa cultural e política carregada de ambivalência, pode conviver com o desejo de recomeçar a vida no Novo Continente, com a atração pelos produtos culturais norte-americanos e com o fascínio por suas riquezas e seus direitos políticos e individuais.

Certamente, por enquanto, é incontestável a supremacia norte-americana quanto à indústria cultural. Pode-se, contudo, razoavelmente supor que, no futuro e à medida que novos atores econômicos entrem em ação no cenário internacional, o quadro venha a alterar-se. O Japão, por exemplo, é o segundo maior exportador de produtos culturais, sendo que determinados países – Índia, México, Brasil, Egito, Hong Kong – obtêm importantes resultados junto aos mercados regionais vizinhos. Por sua vez, a China tornou-se a terceira exportadora mundial de produtos culturais, enquanto à Índia compete a posição de segunda indústria cinematográfica do mundo. Novas redes mundiais de informação rivalizam com a CNN. Ficou para trás aquela época em que norte-americanização rimava com globalização. Com a ascensão dos novos gigantes da economia e a presença crescente de um mundo multipolarizado, o futuro da cultura-mundo se prenuncia aberto, e a sua configuração aparece multipolarizada.

A evolução das aspirações e das referências culturais no Ocidente serve para ilustrar de outro modo a erosão da crença na superioridade da cultura ocidental e em sua pretensão de constituir um modelo para todo o mundo. À imposição imperial de nossos hábitos aos outros, sucede a importação de outros países de seus elementos culturais: o Ocidente contemporâneo descentraliza-se, pluraliza-se mediante a integração das tradições tidas outrora como inferiores ou antinômicas com seus valores. Assistimos a uma orientalização e a uma "sulização" da Europa e dos Estados Unidos. O faroeste, gênero tipicamente norte-americano, está em vias de extinção. Em contrapartida, o budismo conquista um público crescente nos meios ocidentais. De forma semelhante, ioga e terapias alternativas orientais estão em progressão contínua, padrões de estética japoneses remodelam o interior das residências, das lojas e a arte culinária. Bebe-se chá nos restaurantes chineses e saquê nos sushi-bares de Paris e Nova York. A cultura ocidental só triunfa perdendo a sua centralidade de outrora, incorporando amplamante elementos extrínsecos aos seus, deixando de aparecer como o único modelo legítimo de exportação.

Advém de tudo isso a ideia, muitas vezes enunciada, segundo a qual estaríamos rumando para o fim do Ocidente como centro de referência do mundo hipermoderno e para o surgimento de uma nova modernidade, cujo caráter híbrido a desprenderia do molde ocidental europeu. Mas o desaparecimento do eurocentrismo significaria o fim da ocidentalização do mundo? As vertentes antiocidentais, as revivescências identitárias, os hibridismos culturais seriam sintomas de uma radical ruptura e do nascimento de um novo mundo pós-ocidentalizado? Uma outra leitura da globalização me parece mais convincente. Até onde podemos ver, modernizar-se, de certa forma, é sinônimo de ocidentalizar-se, ou seja, amoldar-se e reestruturar-se a partir dos núcleos fundamentais da cultura-mundo provenientes da Europa. Em todos os continentes, o capitalismo impõe sua lei à vida econômica; as técnicas de produção e de comunicação são idênticas, as megalópoles e a arquitetura se assemelham, o estilo mundial de vestuário se espalha em toda parte. De norte a sul, a ordem técnico-mercantil, os valores do consumo e a individualização dos modos de existência (que são os pilares do Ocidente moderno) prevalecem. Admitir que, por causa da difusão em escala universal dos cinco vetores-chave da cultura-mundo (que são invenções de origem europeia), a ocidentalização só se faça prolongar e generalizar, não constitui nenhuma visão etnocêntrica. Samuel Huntington escreveu: "O mundo ocidental deve ser capaz de admitir que a sua civilização é única, mas não universal"[45]. Eu nego essa interpretação. Em meu entender, a civilização ocidental é única[46] e universal, ainda que nem tudo, em seu bojo, evidentemente, seja de índole universal.

É certo que essa ocidentalização *estrutural* do mundo já não redunda no alinhamento de todas as culturas com os valores nem com o imaginário ou com a mitologia do Ocidente. As sociedades convocam à reislamização, à revalorização do hinduísmo, ao que caracteriza a cultura chinesa, a indiana e a africana. As nações ditatoriais da Ásia adotam o capitalismo, embora não haja garantia de direitos políticos para os indivíduos, princípio basilar dos regimes políticos ocidentais. De um lado, se é verdade que as estruturas organizativas mais profundas são as mesmas, tal não ocorre com as configurações políticas, ideológicas e culturais. A segunda globalização funde elementos do capitalismo e do não liberalismo, do cosmopolitismo e da "inculturação", do universalismo e do particularismo, do consumismo e das "raízes étnicas", do cálculo racionalizante e do neotradicionalismo. Nesse sentido, estamos verdadeiramente em presença de uma modernidade plural, ou, para ser mais exato, diferenciada.

Isso posto, convém não perder de vista que, a despeito do avanço das idiossincrasias culturais, acentua-se um processo de modernização de contornos idênticos por todo o planeta. De fato, se há mistura de culturas, nem tudo está sujeito a um trabalho de hibridização: o que vale para a ordem cultural, propriamente dita, não tem aplicação fora. Onde é que se encontra a "miscigenação" no universo financeiro, no trabalho científico, no contexto técnico, nas práticas médicas? O espírito de livre exame se caracteriza em todos os lugares pela mesma recusa dos argumentos de autoridade e pelos critérios da razão individual. Ao menos nessas esferas, a modernidade nada ostenta que seja próprio a cada país, isto é, funciona da mesma forma sob

---

45 Samuel Huntington, *Le choc des civilisations*, Odile Jacob, 1997, p. 17. [Publicado no Brasil em 1997 sob o título *O choque de civilizações*, pela Objetiva.]

46 Igualmente discordo da tese de Bruno Latour, que nega haver uma radical diferença entre a civilização ocidental e as demais culturas. Por maior que seja a proliferação das bricolagens, das heterogeneidades e das misturas que se conjugam ao curso da modernidade, apesar disso tudo, as linhas fundamentais que a caracterizam não constituem apenas uma "diferença quantitativa" e de "mobilização", mas, sim, uma ruptura completa na escala da história das sociedades humanas. Ver B. Latour, *Nous n'avons jamais été modernes*, La Découverte, 1997. [Publicado no Brasil em 2009 sob o título *Jamais fomos modernos*, pela Editora 34.]

qualquer ambiente cultural. Claro, a dinâmica da modernidade sempre se exerce nas culturas particulares, por meio das quais assume uma fisionomia específica em cada local. Daí sempre ter havido concepções e formas de concretização diversas da modernidade, dependendo do lugar. A globalização e a descentralização do Ocidente que a acompanha não fazem, nesse sentido, senão ampliar mais a espiral das interpretações culturais da modernidade. Esta, apesar disso, se define por meio de lógicas estruturais, de processos de transformação social-histórica (racionalização científica e técnica, diferenciação funcional, autonomização da sociedade, comercialização exponencial das atividades e dos modos de vida, individualização etc.) idênticos em todo o planeta. Por isso, rigorosamente, é mais adequado falar em modernidades diversificadas que em "modernidade miscigenada" [47], que privilegia em demasiado a dimensão dos conteúdos culturais das civilizações.

É preciso ter cautela quando recorremos à categoria de "miscigenação" do mundo, pois esse conceito pode induzir a crer que o peso do passado religioso e dos fatores de ordem cultural reintroduzidos equivalha ao das novas estruturas de funcionamento das sociedades. Essa perspectiva é enganadora: na era da globalização, são os fatores modernos que determinam e orientam de forma marcante o perfil das sociedades. Conforme observa V. H. Schmidt, o Japão contemporâneo apresenta mais pontos em comum com o Canadá ou com a Alemanha moderna do que com o Japão pré-moderno [48]. Isso porque, nos mecanismos de hibridismo imbricados entre modernidade e tradição, as forças em jogo não são de mesmo nível, a correspondência não é equivalente. Não confundamos a organização de fundo com a retórica, o instrumento com a imagem, os axiomas estruturantes com as formas de reatividade cultural particulares. A árvore não esconde o seu fruto: qualquer que seja o vigor das reativações identitárias, são os vetores da cultura-mundo que, a longo prazo, subvertem com uma desigual profundidade as sociedades do planeta e as rearranjam no mesmo sentido. Em Dubai ou em Abu Dhabi, a retomada do rigor moral nos territórios islâmicos não constitui nenhum obstáculo para os excessos do hiperconsumismo propriamente ocidental, da arquitetura modernista, ou para as extravagâncias na hotelaria e no turismo, nem para obscenidades espetaculares e megaprojetos culturais. No caso dos

---

47 Jean-Claude Guillebaud, *Le commencement d'un monde. Vers une modernité métisse*, Seuil, 2008.

48 Art. cit.

iranianos, enquanto queimam a bandeira norte-americana, esforçam-se para exercer o domínio da energia atômica. Escarnecem do Século das Luzes, mas, entre eles, o número de mulheres que obtêm diplomas universitários aumenta. Os neofundamentalistas agitam a bandeira da antiocidentalização, exigindo a volta ao verdadeiro Islã. Ao mesmo tempo, contudo, estão cada vez mais dependentes de uma lógica do indivíduo, desemaranhada da religiosidade tradicional e costumeira. Há, inegavelmente, um processo de islamização em curso; em maior profundidade, contudo, o que existe é uma modernização acelerada da sociedade, remodelação desta segundo os princípios motores da cultura-mundo: racionalização, busca da eficácia a todo custo e individualização. Seria ingênuo presumir que a incorporação das coordenadas lógicas da cultura-mundo pudesse manter inalterado o seu legado cultural de origem. Aos poucos, invencivelmente, os modos de pensar, agir, educar contemporâneos terão as marcas da modernidade e da hipermodernidade.

Na era hipermoderna, os povos tanto mais se comprazem em exaltar suas particularidades típicas ou em retomar as suas origens, na medida em que se veem arrastados pela mesma dinâmica de modernização que, deste ou daquele modo – perdoem-me os "politicamente corretos" –, corresponde à ocidentalização do mundo. Utilizemos o exemplo da moda. É verdade que atualmente as tradições não ocidentais são às vezes revisitadas pelos estilistas. Contudo, esse retorno dos particularismos constitui apenas uma das faces de um fenômeno cuja amplitude é indizivelmente maior – a saber, a universalização do sistema da moda (coleções renovadas periodicamente e cada vez com maior velocidade, estilistas, marcas, desfiles, *top models*, revistas), algo que jamais existira na história antes de surgir no Ocidente [49]. Este introduziu no mundo tanto a racionalidade técnico-científica quanto o reinado efêmero das aparências. Doravante, não há país que esteja imune às manipulações e aos mecanismos da moda inventados na Europa. Mesmo os critérios de beleza feminina e suas normas se inscrevem no quadro. Por isso a "glocalização" destas não nos deve levar a perder de vista que serão cada vez mais os padrões estéticos ocidentais referentes à fisionomia (olhos grandes, nariz "caucasiano") e às linhas do corpo (esbelteza, sensualidade de formas) que predominam sobre quaisquer outros critérios de aparência

---

49 Gilles Lipovetsky, *L'empire de l'éphémère. La mode et son destin dans les sociétés modernes*, Gallimard, 1987. [Publicado no Brasil em 1989 sob o título *O império do efêmero: a moda e seu destino nas sociedades modernas*, pela Companhia das Letras.]

e que conduzem a uma reavaliação das expectativas e dos padrões, das práticas individuais e imagens midiáticas.

Tenhamos cuidado: as crispações identitárias contemporâneas dependem mais de estratégias da razão política moderna, com as suas técnicas de instrumentalização tendo em vista as autoridades seculares, do que operam uma eventual restauração de antigas forças tradicionalistas ou religiosas. Para além dos ímpetos retóricos e das diatribes antiocidentais, os princípios constitutivos da modernidade inexoravelmente ganham terreno. Não existe povo ou nação que, daqui em diante, possa situar-se fora da dinâmica do Ocidente e da sua obra de erradicação das raízes tradicionais. Quanto mais as tradições particularistas são ostentadas exteriormente, menos o são no interior. O Ocidente, que nunca foi alvo de tantas ofensas, jamais teve um poder de "penetração" equivalente ao de hoje, tanto em termos de linguagem, como de aspirações ou estrutura de vida [50]. Quer a força do Ocidente como entidade geopolítica experimente um recuo, quer ela caia num processo de relativização, o modelo de ordenamento de vida e organização social que ele engendrou progride pelo mundo. Nesse momento, o termo hipermodernidade não designa tanto o "declínio do Ocidente" quanto a universalização dos princípios da modernidade que, concebidos pela Europa, provocam acentuações identitárias que aparecem como reações perante a imensa desestruturação ocasionada pela cultura-mundo, enquanto instrumento de apropriação de uma exterioridade alheia – mas sem com isso implicar a renúncia de si [51]. A vitória histórica do Ocidente não deve, pois, ser vista como o triunfo de um conteúdo particular específico, mas de uma *forma* – racionalidade tecnológica, cálculo econômico, direitos individuais – cuja significação e cujo valor universal se impuseram ao planeta após seu surgimento nessa região particular do globo. A ocidentalização que se estabelece não é o ocidentalismo nem a suposta supremacia do homem branco, tampouco o *american way of life* erigido como modelo único para todas as civilizações. É o processo de modernização-racionalização de todas as nações e de suas maneiras de pensar, produzir e agir, qualquer que seja a intensidade das retomadas culturais. É, em suma, a cosmopolitização da realidade planetária, a difusão mundial dos vetores universalistas constitutivos da era moderna tais como o Ocidente os desenvolveu.

---

50 Hélé Béji, "L'Occident intérieur", *Le Débat*, n. 42, 1986.
51 Marcel Gauchet, op. cit., p. 487.

Cultura e globalização

Hervé Juvin

"É mais difícil pertencer a algum lugar do que pertencer à sua época."
Pierre Jakez Hélias

Cultura. O modo de se relacionar consigo mesmo, com os outros e com o mundo. Modo de se expressar ou de fugir. Modo de estar aqui e agora; ser, ao mesmo tempo, origem e projeto, palácio de cristal e canteiro de obras. Aquilo que constitui a verdade, aquilo que dizemos e aquilo que não dizemos; aquilo que faz com que os semelhantes se reconheçam. Entre o que faz um e o que faz o outro. Origem das sociedades humanas, em sua singularidade, em seu diálogo e na diferenciação que possibilita a paz.

Cultura. Aquilo que a globalização pretende ser, como o seu meio mais essencial. Porque é daí que tudo se apreende e onde tudo se apoia. Porque o verdadeiro – nosso único território de conquista – está localizado naquilo que preenche a noite de sonhos, aspirações e de formas que não dizem seu nome.

Cultura. Aquilo cujo nome poderia ser crise. Aquilo que transuda, obscurece e se embota, sob o culto eufórico à fraternidade, à solidariedade, à humanidade reconciliada – reconciliada, enfim – pela cultura-mundo e na cultura-mundo. Aquilo que simula, range e chia, nas minúsculas engrenagens da máquina do contentamento, da fabricação da opinião, do consentimento e da concessão.

O tema é atual. A crise na qual o regime de mercado nos faz imergir é uma crise cultural, já que é uma crise das relações com o real, ligada ao discernimento e à percepção do mundo. É também uma crise das culturas particulares, daquelas que edificam a vida e que ensinam como comer, como dormir, como amar, como se comunicar. É a crise desse plural captado por esse singular, bem como de sua ambição em ser a cultura de todos. Diante dessa crise moral e social, uma única atitude é impossível: negar a importância das transformações que esvaziam de seu significado a palavra cultura, tal como foi dada a conhecer e vem sendo debatida há quase dois séculos, fazendo desta algo diverso, uma realidade distinta e uma outra palavra. Em relação ao universal, só almejamos conhecer os custos, os contratos e os direitos, aquilo que nos exime de todo respeito pelas instituições milenares, simplesmente porque são milenares, aquilo que nos poupa de estudar história, para mais facilmente podermos menosprezar aquilo tudo que os homens brancos, racistas e violentos construíram, e também aquilo que suprime a geografia, porquanto – é evidente – os homens são todos iguais. Nesse sonho prometeico, não espanta que cada milionário que opera no mercado financeiro se julgue investido do direito de mudar o mundo. Não espanta também que celebridades se arroguem o direito de "comprar" crianças, que, graças a elas, conhecerão um futuro brilhante, mas não conhecerão seus pais ou sua terra. Tampouco espanta que qualquer humanitário de fachada condene as castas, as hierarquias de nascimento e as crenças que guiam certos modos de vida. Esse tipo humano é o depositário da cultura que dá o fecho à história e suprime a geografia, a nossa insuperável democracia dos direitos individuais [1]. Vou além. É também impossível não enxergar o elo entre o desaparecimento do indivíduo e a asfixia da democracia e aquilo que a cultura se tornou. É impossível desconhecer uma dimensão trágica no bojo daquilo que está em discussão, e que deve tornar-se projeto para a cultura.

---

1   Ver, a esse respeito, a introdução de Louis Dumont à sua obra sobre as castas na Índia, *Homo hiérarchicus* (Gallimard, "Tel", 1966). [A segunda edição dessa obra foi publicada no Brasil em 1997 sob o título *Homo hierarchicus*, pela Edusp.] Nesse estudo, ele salienta que nenhum indiano, assim como nenhum europeu estabelecido na Índia, jamais preconizou a supressão do sistema milenar que mantinha cada indivíduo condicionado a uma posição predeterminada na escala social-cósmica. O texto é de 1960: quanto se caminhou desde então!

Admitamos que as sociedades europeias tenham se afastado da religião. Mais ainda, conforme observa Elie Barnavi, em *Les réligions meurtrières*[2], que tenha havido uma obliteração do fator religioso nessas sociedades, ou até que os indivíduos tenham se tornado insensíveis ao sagrado. O que significa a cultura do afastamento da religião? O que é uma cultura que ignora o sagrado? O que é uma afirmação do belo que desonere da obrigação de falar do céu?

Observemos a evolução invisível (conquanto onipresente) da política e do Estado como infraestrutura dos direitos, das liberdades e mesmo das aspirações pessoais, e a resignação crescente das existências individuais, que se munem de *gadgets*, logomarcas e diferenciações legais para safar-se da responsabilidade de se reconhecer e de tomar decisões, para subtrair-se de uma real autonomia, assim como de tudo quanto constitui sustentáculo para os homens. O que é uma cultura que se tornou um argumento para uma moral, que só permite a aceitação do belo quando vem filtrado pelos condutos do supostamente útil? Pode-se chamar de cultura algo que – em nome de uma suposta genialidade, diversão ou riso – não sabe delimitar as fronteiras entre o bem e o mal? A subordinação da cultura ao direito, à regulamentação e à conformação com o bem útil é, no fundo, a exteriorização mais visível do descaso a que foi relegada a cultura – hoje, apenas um instrumento para qualquer coisa diversa, subordinada a ela ou mesmo alheia a ela.

Vejamos até que medida o nosso mundo está enfunado de espírito positivo, inflado, a ponto de explodir por causa de sua decantada pretensão ao bem, a ponto de acreditar que a globalização do modelo ocidental põe fim à História, atingindo o horizonte intransponível da reorganização política do planeta. Isso foi levado tão longe que a velha máxima política do clientelismo político do "pão e circo", parece ter-se transformado no eixo moderno da cultura; facilitar a digestão e dar tranquilidade aos que doam para a caridade, para, desse modo, produzir em cada um uma impressão de bem-estar. Que sentido tem uma cultura que fabrica a sensação de paz de consciência e, ao mesmo tempo, apela para a censura e se consagra à reprodução, em escala universal, do sistema dominante? Que sentido tem uma cultura que se desvincula da consciência de si, sobretudo quando isso representa ir além dos comodismos vigentes ou navegar na contracorrente

---

2   Seuil, 2007.

das facilidades e dos conformismos? O que pensar de uma cultura que não fala sobre o aspecto trágico da existência, nem sobre a fascinação eternamente renovada dos novos projetos humanos?

O QUE DESIGNA A CULTURA-MUNDO?

A cultura-mundo é uma forma diferente de designar a economização do mundo que convoca cada vegetal, cada animal, cada parcela do ser, e mesmo os homens e as mulheres da Terra, a prestar contas de sua utilidade. Nesse sentido, é o efeito de nossa saída da terra, assim como de nossa origem e de nossa duração. Atalho, disfarce, subterfúgio do inconfessável, que é obrigado a dizer o seu nome. Indicar a sua cultura equivale a anunciar o seu preço. O elogio da mobilidade, do cosmopolitismo erigido como princípio moral, o interesse individual transformado em sagrado pelos direitos individuais... O sórdido segredo oculto por detrás da cultura de massa, da ampla difusão da cultura, do acesso de todos à cultura, mais todas as outras vitrines que nos deslumbram, é que, doravante, a cultura figura em um lugar de destaque entre as coisas que se produzem e que se vendem, porque está entre as coisas computáveis.

1 – Singular plural

Havia culturas. No isolamento, na curiosidade, no irredutível distanciamento. Era a terra, isto é, a geografia, a origem, o clima – ou seja, a história dos homens – que estabeleciam cada espécie de cultura, tanto quanto a fantasia imaginativa, o ardor no trabalho ou a centelha do gênio. As culturas correspondiam à dupla face de Jano. De um lado, separavam um pequeno conjunto dos demais indivíduos, demarcando a unidade interna dessas mesmas sociedades, premunindo-as contra as agressões exteriores. De outro, eram o que unia os que estavam separados do resto, o que os vinculava com o elo mais profundo – o das fundações, dos símbolos e das representações. Ao mesmo tempo, separação e traço de união; ao mesmo tempo, particular e comum.

Haveria a cultura. Ponto de chegada, acabamento, fim concretizado de um mundo saído da natureza e da história, e que se tornou limitado, pequeno, humano, solidário, fraternal – mais propriamente, a fuga de um universo fatalmente inconcluso, que é a de um mundo sempre a ser reconstruído, refeito, recomeçado. Evasão da terra, rejeição das origens, rejeição da história e da geografia, instrumento do homem sem determinação, do homem plenamente homem, desembaraçado de todas as contingências e capaz de tudo aquilo que o autodomínio permite, e que o Bem convoca. Johann Sebastian Bach e o *rap*, as etiquetas e Chanel, o confessional e o *ashram*. Já não separados, no distanciamento e na tensão, e sim, lado a lado, juntos, iguais, entremeados nesses novos estados de consciência forjados pela prática das solicitações simultâneas. Mais uma vez, é Jano quem entra em cena. De um lado, libertação das antigas dependências, apagando as delimitações, os liames, aquilo que cerceava a livre busca da felicidade para cada indivíduo. De outro, um novo enraizamento nas possibilidades sem limites, dando a cada um o desafio extenuante de perseguir todas as oportunidades, convencendo a todos de que a vida humana se caracteriza pelo fato de não ter limites, cabendo a cada um, sem descanso, buscar essa meta.

Eis a cultura, ou seja, a maneira de ver o mundo, de sentir o mundo, de se sentir no mundo, e, portanto, de agir sobre o mundo. Eis uma cultura globalizada, isto é, uma relação com o real que transmite a visão do mundo como unidade, algo comum, uniformidade – o mundo plano, diante do olhar, do passo do caminhante, da volúpia do turista! O que se sucede? Um distanciamento multiplicado do real, que faz com que cada qual viva aqui e agora, em condições climáticas, geográficas, históricas, sociais, políticas etc., determinadas e particulares. Não são tão numerosos os que têm como segunda residência todos os Hiltons da Terra, e que podem de fato acreditar que a Terra é plana – com a condição de não ouvir o canto do muezim, de ignorar a favela incrustada na montanha, o muro que isola as colônias, ou de não abrir o jornal do lugar onde mora! Qual é esse nexo com o real do que a cultura do Ocidente universalizado constitui a chave e que talvez possa ser algo diverso de uma cultura de ruptura com o real, de abstração crescente da vida, da conjuração da história e da geografia? No fundo, a expressão do estado de não percepção social, que é para onde a sedução do virtual conduz uma juventude ébria de ascensão social a qualquer custo, despreocupada em relação às condições em que isso se opera. A indagação é atual, candente até. Porque todos sentem que algo ocorre e não se resume à transgressão de uma cultura em voga, nem à mescla da cultura em voga com outra ou várias outras, importadas do exterior. Trata-se de algo que provém radicalmente de outro lugar, que põe em jogo uma entidade inteiramente diversa, talvez para restituir à palavra "comércio" a sua acepção original, como era entendida no século XVIII, e que agora, ao menos para uma parcela da população mundial, se impõe progressivamente como uma maneira de ser, agir, de interagir.

Um fato é capital: já não existem culturas, múltiplas, diversas, em antagonismo com um fenômeno exterior, que seria a globalização. O que existe é um fato social global, que parte do Ocidente e se chama globalização – a qual já constitui uma cultura, ou se pretende tal –, e que tende a impor essa visão a todas as demais culturas, em nome do bem. Seria mais ou menos como se alguém dissesse: você não sabe o que lhe convém, mas nós sabemos; tenha total confiança em nós. As diversas formas de cultura eram centralizadas na ideia de estabilidade social e na repetição dos mesmos hábitos do passado. Ensinavam os limites de toda a existência humana e a prudência perante todas as forças que a ultrapassam, favoreciam a via do sagrado e predispunham cada indivíduo a curvar-se perante o destino, o real, a autoridade, assim como diante de muitas outras coisas. Inteiramente diversas entre si, inteiramente distintas e às vezes contraditórias, tais manifestações delineavam todos os diferentes percursos de ser homem, desde os chukchis [esquimós da Sibéria], que ensinam os velhos considerados inúteis a eliminarem a própria vida, aos torajas de Sulawesi [tribo indígena da Indonésia], que conservam os mortos em casa, em seu próprio quarto, muitos meses após terem falecido, até que se reúna toda a família para levá--los ao repouso eterno. No novo contexto midiático, subentende-se que a cada um tudo é permitido, que a ação autoriza tudo, e que o mundo está à disposição de cada indivíduo. Fica também subentendido que, com o despojamento de todas as determinações, raízes e particularidades, com a abolição de todas as bandeiras das particularidades na fogueira do universal, o Graal das oportunidades estaria ao alcance do indivíduo absoluto que cada qual pode e deve tornar-se, sem cavalo branco e sem cavaleiros da Távola Redonda. Embora diversas, as culturas são uma só. Antes, obtinham a pacificação dos mesmos indivíduos graças ao mito das fundações e das exceções comuns, agora se busca a identidade dos interesses individuais com a universalidade do número. Isso não é um indicativo, uma observação de um fato: não se tratava de culturas, quando não eram culturas. Tratava-se somente de realidades diversas; punham-se em movimento apenas pela mola propulsora da diferenciação das sociedades humanas – condição, a um só tempo, de seu diálogo e de sua dinâmica. Foi-se o tempo em que cada qual era ufano de sua cultura. Hoje, a cultura de cada um é a cultura de todo o mundo. O único orgulho reside em estar no fluxo, em diluir-se naquilo que é comum, em submeter-se à norma da homogeneização cultural. Não é para isso que caminha o ensino ministrado aos futuros dirigentes de empresas multinacionais, mediante a fabricação de clones de expressão indefinida, que são insensíveis a tudo o que é humano? Afinal, celebrar a sua própria cultura – pouco importa se francesa, alemã ou chinesa – não seria uma forma de discriminar? O próprio ato de se distinguir já não pressupõe uma renúncia?

Esse ponto assinala a novidade radical do que está acontecendo. É algo que supera tudo o que foi observado a respeito da cultura de massa: não se trata mais de cultura de massa, e sim, da cultura de todos. Uma vez dissolvida a massa nos homúnculos vegetativos que a compõem, fica vedado ao povo ter consciência de si, pois isso o levaria a sonhar com uma vida autônoma, a almejar ser um protagonista político! Internet e Web 2.0, celulares: temos os meios para falar com cada um no fundo de sua intimidade; nunca mais falaremos a uma massa. A cultura-mundo é a primeira que se pretende verdadeiramente universal, porque é individual e está associada ao pretenso triunfo do indivíduo. Propõe como missão concretizar a unidade do gênero humano, asfixiando, por sua única presença e pela profusão de seus recursos cibernéticos, todas as demais culturas, assim como qualquer veleidade destas de se fazer sobressair ou ser preferidas. A cultura só poderá ser tida como tal sendo uma; a condição específica é a de abarcar todas, compreendê-las e reduzi-las a uma só unidade.

Em seus desdobramentos, a cultura da globalização é a primeira a realizar até o fim a associação entre o poder e o dinheiro. E também é a primeira a ter estreitos vínculos com a economia, a ponto de ser esta a condição precípua de sua validade, na mesma medida em que concorre para fazer do crescimento ilimitado uma força autofágica irresistível. De fato, como se defender da cultura-mundo, uma vez que é impossível se defender das promessas de máximo bem-estar? Não há mistério nisso: é apenas a conjunção avassaladora da universalização da técnica – a lei da gravidade não é britânica nem chinesa, ela (assim como a lei do dinheiro, o equivalente universal de todas as coisas) está a serviço da utopia planetária. Bens culturais, serviços culturais, patrimônio cultural... A cultura de massa abre a perspectiva da venda da cultura àqueles que só têm o dinheiro como mérito e como instrumento de ação. A igualdade perante a cultura conduz à mercantilização da cultura. É o crescimento que cria a cultura-mundo, à primeira vista pela diminuição da pobreza, ocorrida no decorrer do mais longo período de crescimento da história recente (quiçá, de toda a História). É por isso – porque há crescimento, comércio, negócios que se desenrolam – que a cultura-mundo constitui um regime real. Real quando nos voltamos para o interior da cultura; para além, contudo, é falso. É real, portanto, no interior da globalização, errôneo aquém dela. E também é real no interior e por intermédio do crescimento, errôneo sem ele. A condição desse poder é o crescimento. Enquanto avança, o poder exercido sobre si e sobre os outros é enorme: poder de veridicidade, de operabilidade. Isso é o que faz com que uma coisa seja verdadeira, o que faz com que uma ação efetivamente se realize. Nossa cultura é a do crescimento ilimitado, e é fundada em nossa onipotência da técnica, responsável por uma ruptura sem precedentes com a natureza, porque nos eleva à condição de produtores da natureza. Ela ensina a nunca perguntar o porquê. A cultura era o meio de tomar distância, formar um juízo, saber dizer não. A cultura-mundo dilui esse problema na esfera da ação, veda o distanciamento e a capacidade de formar um juízo, e se dissolve num imenso ato de aquiescência ao progresso, ao mercado e às suas obras.

A cultura-mundo mantém relações permanentes e intensas com as culturas particulares que ainda subsistem nas sociedades humanas. Elas expõem-se umas às outras, fazem-no sem cessar e cada vez mais. Não é o que ocorre, certamente, mesmo de modo fortuito, ao término de um extenuante dia entre as areias do deserto, numa trilha de terra vermelha da África ou nos esplendores cintilantes da grande floresta equatorial. Tampouco é o que se sucede no temor e no tremor do desconhecido ou da descoberta do diferente, do indizível, ou seja, daquilo que faz de todas as narrativas de viagem (até o século XVIII, pelo menos) um relato do imaginário, oscilando entre o admirável e o horrendo, mas, sim, o que se desdobra no contexto de um negócio, na conversão da moeda, no comércio. A relação com o outro, com o estrangeiro, com a distância, mudou. Decididamente, porém, o que mais se modificou foi essa relação de cada indivíduo com o real. Em primeiro lugar, porque a imagem se pretende colada ao real, transmitindo-o em seu movimento, seu colorido próprio, sua vibração. Em segundo, porque a imagem transforma o real e serve como intermediária para a imaginação, a emoção e as esperas da emoção. De tal modo que não se torna mais protagonista do real no contexto histórico ou no político, nas ruas das cidades ou no fragor das trincheiras, mas, sim, na frente dos consoles, por detrás das câmeras, diante das telas... Aliás, não se esqueça de fechar a janela, para que a luz do dia não nos incomode!

O recuo ou o retorno tornam-se ainda mais difíceis pelo fato de a cultura-mundo estar presente todo o tempo e em todos os lugares. Isso se opera de maneira quase permanente. Vale para todos, graças à torrente de representações, que, uma vez que a TV a cabo está em toda parte e que um a cada dois seres humanos possui um telefone celular, praticamente não poupa ninguém. Essa nova realidade, porém, não se concretiza no distanciamento, na separação, de uma parte a outra de fronteiras bem definidas. Ao contrário, se perfaz no emaranhamento, isto é, naquilo que alimenta todas as ilusões da miscigenação e que propicia a bricolagem das identidades culturais, como no caso das culinárias étnicas e das colagens religiosas – budismo, Natal e Halloween. Nada disso induz à edificação paciente de si, e sim à desvairada aventura das seduções do momento, da saturação sensorial. A sua violência é considerável: 300 milhões de chineses surfam, 25 milhões de chineses estão viciados na internet – em questão de vinte anos, percorreram um século e meio de história cultural da Europa. Do bolinho de arroz aos telefones celulares e aos veículos 4x4, dia virá em que precisaremos avaliar melhor o que está em jogo, e que não é de natureza econômica. Essa exposição é destrutiva. Naturalmente, ela produz outra coisa. O quê? A única resposta honesta é que não sabemos. Talvez a cultura-mundo seja um momento de natureza técnica, que só se modificaria à margem das culturas e das civilizações humanas; a maré da história, assim como a crise, faria rebentar as ondas, varrendo depressa o que é generalidade trivial, num universo globalizado, da mesma forma como hoje varre os disparates referentes ao fim das nações. Talvez a cultura-mundo seja bem exatamente aquilo que faz as individualidades resistirem, transformando-as. Isso porque a cultura-mundo modifica a condição humana do século XXI, e porque é, ao mesmo tempo, expressão das técnicas do cotidiano e sua organização nas vidas. Cumpre, então, acentuar que ainda é muito cedo; que espessas nuvens cobrem o horizonte; que o Sol não despontou; que nada vislumbramos. Nada condizente com um prenúncio, nada que nos autorize a prever qual configuração assumirá esse mundo determinado por uma perspectiva cultural unificada, nem que espécie de gente desenrolará o seu viver nessa nova cultura mundial. Apenas podemos adiantar que tais homens terão perdido os pontos de referência do coletivo singular e de suas particularidades distintivas.

2 – A fábrica da mesmice

"Nous sommes des hommes pareils
Plus ou moins nus sous le soleil." *
Francis Cabrel

Vale a pena se perguntar: de que estamos falando? Aqui e agora, a resposta é singular: falamos de algo que termina, e desse término extraímos um ponto de vista que nos falta em relação ao futuro. Foi-se o tempo da equiparação pura e simples da cultura-mundo com o Ocidente, tanto em sua variante norte-americana (categórica, expositiva e ruidosa), como na europeia (supostamente inclinada à fraternidade e à compreensão universal). Aquilo que se passa na cultura-mundo, aquilo que se introduz da cultura-mundo em nossas sociedades, desde agora escapa, e escapará cada vez mais, ao controle dos que a transmitem. Apesar do Google, da Wikipédia, do YouTube e do Facebook, e do predomínio ainda incontrastável dos Estados Unidos sobre a *net*, não somos mais os senhores do mundo. A narrativa se desenrola fora de nós – em Wuhan, São Paulo, Teerã, Omsky – e até corremos o risco de nos deixarmos conduzir a praias desconhecidas. Ferramentas de trabalho que solidamente nos pertencem irão se prestar a finalidades que de todo ignoramos. É onde termina o Ocidente globalizado. Os Estados Unidos e o Google passaram pela experiência no diálogo com a China. Malgrado o *smart power* norte-americano, a globalização não é mais apanágio dos Estados Unidos, e o mundo atropela a América. Os critérios de luxo, bom gosto, e assim por diante, já não são exclusividade do Ocidente. As mesmas técnicas que asseguraram a decisiva influência do Ocidente sobre a globalização dos mercados servem agora para ratificar a lei do número, a equiparação de todas as preferências estéticas, assegurando o banimento de quaisquer iniciativas culturais, ou, pelo menos, a participação associada de todos os consumidores-expectadores-criadores associados.

A crise fez dessa constatação uma evidência. Já ultrapassamos a fase da globalização feliz, que começa no início da década de 1970 e vai até a queda do Muro de Berlim, e que representou uma encenação grandiosa, desabrochando na ingênua confiança de que as promessas acenadas na década de 1990 se realizariam. E agora é a cultura-mundo que está em discussão. Eis o

---

* N.E.: Tradução livre: "Somos homens iguais, / Mais ou menos nus, ao sol".

que François Jullien nos recorda em *De l'universel, du commun, de l'uniforme et du dialogue entre les cultures* [3]: a cultura-mundo é a cultura da mistura, não das culturas, mas dos termos usados para estabelecer intercâmbio. Quando falamos em universal, discorremos de boca cheia sobre globalização, enquanto, sem perceber, quase só tratamos de uniformização, isto é, da redução das culturas ao fator econômico. Aliás, embora façamos referência à cultura, desta só conhecemos os instrumentos. De tal busca (atenta, meticulosa) a essa facilidade industrial, o declive é curto, arrastando-nos despenhadeiro abaixo, sem que nos demos conta. Isso porque a ilusão do diálogo permanente das culturas, de sua imbricação mútua, é aliciante. Ela pressupõe respeito, segurança e autoestima, interesses compartilhados, reciprocidade e dessemelhança. Estamos longe disso. O que há muito observamos é um movimento incessante de uniformização, um esmagamento das culturas e das civilizações pelo projeto liberal, economicista e individualista, o projeto do totalitarismo edulcorado pela ilusão do enriquecimento fácil e do divórcio entre o indivíduo e o todo coletivo, condição do crescimento econômico, e que se nutre também da infelicidade individual. De fato, sob o rótulo aprazível do convite ao universal, o que presenciamos é a trituração sistemática de toda resistência à dissociação entre indivíduo e coletividade. Sob a enganosa égide dos direitos humanos, desenrola-se algo que faz de cada indivíduo a reprodução de um clone, idêntico, transportável, permutável, convencido de que o mundo lhe pertence e de que se diverte. É o ensimesmar-se das sociedades consigo mesmas, com seus anseios implícitos, códigos respectivos, costumes, singularidade. Não é por uma oposição frontal, por vontade própria, que se efetiva o processo, e sim por um conjunto de dissoluções, subversões e, no fundo, por uma espécie de indiferença radical, sob a capa de relativismo, àquilo que constituía a dignidade individual. A generalização do uso do pronome tu [*tutoiement*], em princípio, é a marca distintiva da recusa dessa separação que lembra o respeito, que tolhe a pretensão de se imiscuir no que não lhe diz respeito – algo que podemos denominar de não ingerência, comedimento e discrição. A cultura-mundo interfere em tudo e todos, e não respeita nada; é uma negação da cultura, no sentido em que destrói essa alteridade, essa reserva, essas distinções e o seu sentido, atributos que são precisamente a alma das diferentes formas de cultura humana.

---

3   Fayard, 2009. [Publicado no Brasil em 2009 sob o título *O diálogo entre as culturas – Do universal ao multiculturalismo*, pela Zahar.]

Para dizer em outras palavras, a história recente concebe as várias expressões culturais – elementos principais da constituição das sociedades humanas, da reprodução de seu núcleo político-religioso e de sua pacificação interna – como conformadas ao tríplice dogma do mercado, dos direitos humanos e do interesse individual. Nada de comum, portanto, com o aproveitamento de outras formas de cultura, com o respingar de influências e inspirações advindas de outros meios (à maneira, por exemplo, do feliz amálgama entre a pintura francesa do século XVIII e a arte japonesa). Em tudo, padronização e conformidade, impostas de fora para dentro. Anteriormente, a cultura permitia estabelecer diferenças destes em relação àqueles, cada qual delimitando, com todos os contornos de seu espírito, de seus corpos e de seus recursos, a sua alteridade. A esse título, a cultura engendrava a identidade coletiva, de onde derivavam consequências de âmbito político, interesse público, assuntos relacionados com a fé, temas de escolha pessoal. Iniciações, tatuagens, danças, rituais, adereços e modas, nesse caso, significam tanto quanto arte, ou aquilo que assim denominamos. "Mais bela para mim mesma", escolheu como *slogan* uma marca de *lingerie* que exalta o autoerotismo como uma nova manifestação cultural autoafirmativa. Depois da internet, dos brinquedos eróticos e dos restaurantes populares, ainda existirá algo que só a arte pode produzir? A cultura tornou-se aquilo que exprime o que é semelhante, ou mais exatamente, o idêntico – ou seja, o que leva cada um a perceber que é apenas um entre outros, como outro qualquer. Noutros tempos, conforme nos recorda Pierre Manent[4], Madame de Sévigné (em face do suplício de camponeses bretões em revolta) dizia-se incapaz de imaginar o que seria sofrimento para um camponês. Comparemos isso com a cultura atual, que nos ordena, ao correr das horas e das notícias, a ser, simultaneamente, Albert, Mohammed, Ehud ou Tian-Tian – quaisquer um entre aqueles que estão sofrendo, que estão morrendo, que são vítimas, em suma. É supérfluo acrescentar que não se encontra, em nenhuma parte, alguém que sugira sequer a possibilidade de compreender, de compadecer-se, de identificar-se com o carrasco, com o guarda do campo de concentração e com o inquisidor. Esse padrão de comportamento exauriu-se, não deixou reminiscências, ficou definitivamente relegado às ninharias do passado. Parece ser um progresso.

---

4 In *Cours familier de philosophie politique*, Gallimard, "Tel", 2004.

A história, portanto, modificou a cultura. Para ser mais exato, mudou de cultura. Isso porque o assunto não se restringe a graus ou matizes, sendo antes uma questão de símbolo. Em outras palavras, antigamente a cultura dizia respeito à essência das coisas que se comunicam e transmitem, pois eram realidades que estabeleciam diferenças, relegando aos trabalhos servis aquilo que é objeto de negociação, contabilização e comércio – em última análise, tudo quanto integra o cotidiano e se faz acompanhar das facilidades correlatas. A cultura tornou-se uma indústria. Mais que isso, uma das indústrias nas quais as sociedades, enfastiadas da indústria e exaustas de tanto servir, concebem um futuro. Bach negociava duramente os termos de sua remuneração junto ao príncipe-eleitor de Leipzig, mas os expectadores podiam ouvi-lo gratuitamente no seu escritório. Os fundadores da Caixa Econômica da França, grandes burgueses liberais do início do século XIX, esperavam que os artistas franceses difundissem nas camadas populares o imaginário da poupança, de suas vantagens, e que ilustrassem tais benefícios para a vida das famílias. Compete-nos atender a esse desejo. Já Adam Smith, ao seu modo, havia previsto: há fortes razões para a economia levar em consideração a cultura, assim como para instrumentalizá-la ao seu serviço. A esse ponto chegamos. A sociedade de consumo apropriou-se da cultura como fonte da crença e dos sonhos humanos, fez dela um dos fatores eminentes e sobretudo eficazes da globalização tal como se afirmou após a Segunda Guerra Mundial, assumindo uma extensão imprevista, depois da queda do Muro de Berlim e da dissolução do império soviético. E foi designado como cultura tudo aquilo que uniformiza, dessora estilos, formas, cores e sons, mediante os que até homens pouco experimentados podiam exprimir suas formas de diferenciação, afirmando-se dessemelhantes uns aos outros. A isso se denominava dignidade.

Todos iguais, todos iguais...

Meio de diferenciação ontem, meio de indiferenciação hoje. Ontem, presença brilhante, múltipla, indefinida do mundo como história e geografia, fascinação e respeito pela não uniformidade, pelo diferente. Hoje, afirmação obsessiva do desaparecimento desse contexto, aflitiva unanimidade do bem, do desenvolvimento, dos direitos, e confusão generalizada dos homens, formas e relações. O luxo estava nas correlações com um território, um saber, um legado, com um produto: *bêtises* de Cambrai, sedas de Lyon ou lenços de Cholet... A corte do czar era provida de luvas de Millau, fazendo vir de Aveyron um dos filhos de Canat para tirar as medidas exatas das damas da corte, diretamente em São Petersburgo. Isso em 1909! Cada qual sabia quão grato devia ser aos que o antecederam. Hoje, cada qual sabe que o mundo é seu e que nada é proibido. O que sobrou de luxo ficou "alojado" em marcas que as máquinas de produção depositam aos milhares em territórios sem contornos e sem raízes – *Made on Earth by humans*, mas com etiquetas de LVMH, Pierre Cardin ou Gucci, e, por via das dúvidas, a indicação da origem em letras garrafais. Não está longe o dia em que o luxo se manifestará pura e simplesmente no preço de uma mochila, de um relógio ou de óculos, gravados em caracteres indeléveis e fluorescentes no próprio objeto. Isso porque a única forma de luxo real hoje é o dinheiro, ou o poder de compra do cliente. Afinal, a dissolução de todas as formas e de todos os relacionamentos no poder econômico é o desfecho lógico e banal da cultura do mercado.

A cultura era a expressão das origens. Era herdada e ligava-se à sua época. Hoje, ao contrário, ficou sujeita a uma mera configuração individual, isto é, passou a ser algo que se escolhe, compra e vende, como qualquer outra mercadoria. Era antes a soma das experiências acumuladas de gerações, transmitidas a cada indivíduo, algo que possibilitava resguardar-se da incerteza em relação ao futuro, assim como empreender grandes coisas com determinação, depositando toda a esperança num porvir melhor. Era como uma máquina que estabelecia a ligação entre gerações afastadas pelo tempo, uma máquina capaz de operar a interação entre pessoas de uma mesma época, mesmo quando separadas por crenças, origens e interesses diversos. Foi-se o tempo em que o homem era produto de uma cultura, ou que tinha a existência norteada por esse legado. A busca do indeterminado – nisso se resume o projeto liberal – deve também libertar o indivíduo dessas amarras dos ancestrais. Igualmente nada deve subsistir que faça a cultura prevalecer sobre o indivíduo, esmagando-o pela autoridade do passado, pelo exemplo dos mestres ou pelo gênio dos escritores. Agora, cultura é sinônimo de algo que agrada a um indivíduo e algo que lhe presta serviço. A cultura era algo preexistente em relação à vida de cada um, incitava-o a se conformar com esse molde. Hoje, a diversidade cultural é o nome que a cultura-mundo atribui à segmentação dos alvos e à fragmentação das audiências, para assegurar melhor o triunfo inapelável do velho embuste da unidade do gênero humano, que consiste em reconduzir o homem à natureza original mediante a negação de sua história.

Nada de recuo, nem de juízo crítico. Estamos na época do desapareci-mento do imaginário, graças à saturação das imagens. Quem entra numa sala de cinema já recebe uma amostra da violência que o acometerá: o choque das imagens e do som arrebata-o de roldão, como uma onda. Impossível distanciar-se, resguardar a sua autonomia e sua alteridade, pois o cinema é uma técnica de dominação. Nas salas entregues à penumbra, em meio aos clarões da tela, milhões de indivíduos se consagram ao espetáculo, igno-rando tudo e compreendendo cada vez menos como conduzir a própria vida – ou como são conduzidos por esta. O mundo da cultura, bem como o da arte, já não une as pessoas em razão dos valores que exprime ou da elaboração representativa entre todos compartilhada, mas passa a ser algo que imerge na experiência sensitiva ou na reprodutibilidade sem fim. O sobrenatural é proibido; proibição que é superada pelas vivências do dia após dia. Transcorre tudo aqui, repete a cultura com determinação. Logo, é também nessa vida que se deve viver repetidas vezes, criar seus avatares, fazer o papel de Deus para sentir-se verdadeiramente alguém.

3 - O desfecho liberal

Acha-se na origem de tudo o projeto liberal, projeto de liberdade para o empreendimento humano, expresso pela indeterminação que deve despojar o homem de sua natureza, de sua origem e do acaso. Atuando sob o signo da individualização e do progresso sem limites, ele promete a nossa entrada num mundo melhor. Ele mobiliza a representação mental da unidade do gênero humano, tendo em vista chegar a um consenso sobre a extinção das nações, cujos quadros dedicam-se ao exercício da democracia e às quais hoje, diga-se de passagem, são atribuídas todas as mazelas. A esse respeito, a semântica do pensamento único europeu é significativa: as nações só continuam a existir como corpos esclerosados, autênticos estorvos ao desdobramento dos negócios.

A escalada do projeto liberal não está concluída. Amplia-se até, por causa da histeria provocada pela crise, assim como pela profusão sem precedentes dos bancos e instituições financeiras que ditam suas regras aos governos: a ruína de uns acarretará a ruína dos demais. O dado novo reside no desaparecimento da autonomia das sociedades humanas, fenô-meno provocado pela irrupção do homem, cônscio de seus direitos, como protagonista soberano e prepotente. Alguns desses aspectos se desvelam

84 A GLOBALIZAÇÃO OCIDENTAL

com clareza. Assim, por exemplo, um banco de investimento de Nova York consagra o direito dos assalariados à indefinição em matéria sexual, propondo reembolsar os gastos decorrentes da cirurgia para a mudança de sexo. Recusamos as deficiências, mediante o diagnóstico pré-natal, que, com o tempo, só permitirá que venham à luz as crianças sem graves problemas físicos ou mentais. Por outro lado, presenciamos a expansão de um mercado internacional de adoção de crianças, que consagra o direito dos ricos de comprar crianças dos pobres. Que exemplo deu a *popstar* Madonna, ao adotar uma criança africana, apesar de os pais desta se encontrarem vivos! Bastou alegar, como pretexto, que a criança teria melhores condições de vida, já que viveria em solo norte-americano. A cultura-mundo amplia o mercado dos homens, a partir do momento em que Robert Badinter proclamou "o direito individual da criança" [5]. Haverá uma forma mais explícita de proclamar que nada existe que o dinheiro não possa comprar, desde as crianças até os adultos? Haverá uma forma mais explícita de confessar que o reino do indivíduo é, ao mesmo tempo, a supressão de toda diferença e de toda autonomia individual? Seria necessário acrescentar que a cultura se tornou a espetacularização do desenvolvimento, sob o vistoso rótulo de progresso, e da mercadoria, sob o rótulo de luxo? Torna-se claro: o sentido contemporâneo de sagrado reside nessa aliança entre o crescimento econômico e o direito, que lhe assegura as condições de existência. De fato, quem ousaria contestar a religião do desenvolvimento?

Espetacularização

A cultura-mundo espetaculariza o projeto liberal, desentravado das imposições democráticas e das formas sociais herdadas das culturas anteriores. Isso ocorre sob três modalidades.

1 – Diante de nós, se pavoneia a noção de unidade. Quanto mais nos referimos a diferenças, rupturas, excluídos, tanto mais observamos o espectro da unidade configurar-se por inteiro. Hoje, só uma pessoa muito ingênua, ao conhecer outras terras, imaginaria defrontar-se com algo muito diferente. As viagens se realizam entre roteiros sempre parecidos, cada vez menos diversos. Enquanto fazemos grandes esforços para

---

5   *Le Débat*, 1988.

visitar novos lugares, facilmente perdemos de vista que encontraremos outras localidades muito semelhantes, pois, de fato, cessaram de existir locais *distintos*, na mais exata acepção do termo. Somos os primeiros a habitar um mundo sem o aquém e o além-fronteiras. Os selvagens, desde Levi-Strauss, as terras virgens, desde o Google Earth, os outros, desde Fidel Castro, desapareceram. De fato, em qual outro país além de Cuba há cartazes gigantes com as frases do líder supremo, em lugar dos apelos publicitários clássicos? Somos a primeira sociedade que se pretende mundial e que prescinde da noção de exterior. Com que petulância, meios e, sobretudo, ausência de escrúpulos, a religião do desenvolvimento se esforça para liquidar crenças e organizações políticas e sociais edificadas por tradições milenares, deixando em ruínas, ao longo do caminho, um patrimônio primordial da humanidade! A cultura não é mais um instrumento de conexão com o outro, à maneira daquela cultura astronômica de Matteo Ricci, graças à qual ele pôde figurar como mandarim na corte do Celestial Império, por volta do ano 1500. Em vez disso, a cultura se tornou um meio de ser igual e de reduzir os outros. A doutrina dos Estados Unidos em matéria de segurança professa essa máxima com toda nitidez, recusando-se a aceitar a ideia de adversários legítimos. Contra eles, jamais poderá haver guerra justa. O mundo é organizado à luz do objetivo único do crescimento e do desenvolvimento, algo que intenta excluir qualquer outra confrontação que não seja a do mercado, em torno da concorrência e dos preços. Já não existem combatentes adversários legítimos, no respeito e na dignidade mútuas. Ficaram apenas as forças da paz, das leis de contrato e do mercado, contra as quais se levantam os guerreiros do mal e da fé – do irreal. Nesse sentido, a cultura-mundo é propriamente uma evasão poética; ela engendra um universo cujos elos com o mundo real são fictícios ou, pior, são verdadeiras armadilhas. É a cultura do mundo de Walt Disney, na qual os leões são assexuados, os homens não têm cores e em cujo contexto os sonhos de um mundo imaginário se espalham sem pudores, que é o mundo do totalitarismo do bem-estar. Siga adiante, mais nada tem importância, eis o que propaga a cultura-mundo.

2 – Superação das estruturas coletivas, em nome dos direitos humanos, transformados – ao menos na Europa – em direitos do indivíduo absoluto. Capacidade ilimitada de se descompromissar, desvincular-se, desligar-se da relação com os outros, com a natureza, com a sua cultura e consigo mesmo.

A educação, o ensino e a formação constituem o palco desse espetáculo. A desculturação caminha lado a lado com a socialização. Esta constitui uma uniformização das crianças e dos adolescentes, algo que exclui o domínio do idioma – afinal, com que direito exigir que os filhos da diversidade falem bem francês? –, assegurando-lhes, porém, empregos para jovens antes do RSA (Renda de Solidariedade Ativa). É impossível haver educação sem critérios de distinção e seleção, e somente uma sociedade que sabe a que veio (e que conhece as suas limitações) pode legitimar as próprias instâncias educacionais, sem ser acossado pela indagação: "para que serve isso?". Serve, em princípio, para fazer do indivíduo um francês, um europeu, um membro da civilização. Isso se configura em meio às variações, às exigências, ou até em meio à confrontação com aqueles que pertencem a contextos diversos e que, a bem dizer, estão vinculados a outra cultura, nenhum papel tendo a desempenhar em nossas instâncias, ou que nada têm a fazer nelas, pura e simplesmente. A cultura da introspecção individual já não se desdobra num meio social, num contexto singular, caracterizado por sua cultura. Ao contrário, é uma introversão sobre o vazio. Entre indivíduos supostamente soberanos, atomizados, nada existe que constitua uma sociedade. Nenhuma surpresa nisso. A sociedade política liberal almeja projetar cada um na esfera do conceito abstrato do indivíduo como sujeito de direito. Procedendo assim, despoja-o de tudo aquilo que o identifica como realidade de carne e osso, com um passado, raízes, vínculos, origem territorial e história, dele fazendo quase um ser etéreo, fluido, movediço, indefinido. Nesse sentido, a cultura-mundo é exatamente a negação da condição humana. Na mesma linha, os direitos humanos nada mais são do que a abolição da política e do fim da história – ou de seus ulteriores desencadeamentos.

3 – Penoso exercício do real. Música, pintura, cinema, literatura, filosofia e teologia vivem ou sobrevivem como passatempos, e estão circunscritos ao âmbito da indústria do entretenimento, se pretendem prosperar. Também essas atividades – assim como todo ser animal ou vegetal ou qualquer porção de território – se acham reduzidas ao seu lado utilitário. O termo "indústria da cultura" revela um segredo: nesse sistema de cálculo aritmético da verdade, a cultura é matéria mensurável, sujeita a apropriação, entrando na categoria dos bens que se permutam e negociam. O individualismo não se encaixa aí por acaso. De um lado, a falta de ligações transfere para o

poder de mercado tudo quanto, no passado, dependia dos vínculos locais, familiares ou sociais, assim como aquilo que provinha do acaso. De outro, aquilo que antes era devido ao meio ou à origem do indivíduo, a partir de agora, fica subordinado ao poder de compra. Logo, essa nova acepção de cultura tende a se concretizar em objetos, momentos, atos determinados. Assim como há uma indústria da cultura, existem também objetos que se denominam culturais, atividades pretensamente culturais. No fundo, são acessórios passageiros da vida. Não se trata de valores pelos quais valha a pena lutar ou morrer. Obviamente, existe uma marginalização da cultura, pois nada mais de essencial para a vida transita nessa esfera (nem é possível que isso ocorra). Tudo o que acontece está voltado para o campo da economia. E, provavelmente, com a uniformização dos comportamentos e o consenso humanitário, as condições prévias para o advento de uma obra de arte desapareceram.

O número substitui o saber, o número destrói o gosto e o critério seletivo de julgamento. O exemplo nos é fornecido em *Google-moi*, de Barbara Cassin[6]: a lógica invocada sob os gloriosos auspícios da "cultura e democracia" é uma lógica puramente quantitativa, em que o padrão de qualidade é dado pelo número de cliques e de acessos, o que serve tanto para o terreno das amizades como para o das obras em geral. Essa é a lei da internet, das ferramentas de busca, assim como das enciclopédias. O número é que determina a verdade; a apreciação do belo, bom e verdadeiro está sujeita a noções puramente quantitativas. Aliás, com isso nos avizinhamos do realismo socialista soviético, para o qual a massa nunca erra, cabendo ao artista cumprir o seu papel de educar as massas. Não estamos longe do dia em que, nos museus, veremos afixados os preços dos quadros para assim podermos avaliar a importância de cada obra. E, de fato, nas grandes fundações dos Estados Unidos, costuma-se publicar o valor pelo qual foi comprado o quadro. Singular forma de prestigiar os mecenas! Toda arte tem seu preço. É um primeiro passo, que será seguido. Nas universidades norte-americanas, os senhores considerados "honorários" o são de acordo com as doações que fazem. Resumindo, quem paga tem sempre razão. Daqui a pouco, nos meios universitários, será divulgado o salário que recebe um professor para que o aluno avalie se vale a pena

---

6 Albin Michel, 2007.

assistir à aula ou se pode se contentar em ler uma apostila. De tanto as pessoas se esforçarem para fazer bem as coisas, mas sem fazer o bem, é comum recorrerem ao fator quantitativo como padrão de julgamento para a qualidade. Imaginemos alguém imbuído dessa mentalidade que esteja ouvindo um organista executar a *Arte da fuga*, de Bach. A pergunta que lhe ocorre fazer será a respeito do número de tubos do órgão. Mais ou menos como Stalin quando quis saber de quantas divisões de exército o Papa poderia dispor.

A cultura-mundo inventa a narrativa da humanidade pacífica, da unidade do gênero humano e da artificialidade de tudo aquilo que separa os homens. Reitera compulsivamente que todo mundo é belo, que todo mundo é afável e que as democracias nunca promovem guerras! Por isso, é uma anticultura, incluindo-se no extremo oposto de tudo quanto constituiu historicamente as culturas, que era a afirmação de si em presença e contraste com os demais. Ela promove a miscigenação das culturas não pela adição do melhor, mas pela subtração. Estabelecida a premissa de que a cultura-mundo seria precisamente a cultura da uniformização pela cultura, assim como da diferenciação pelo dinheiro e por ele apenas, não há como negar que constitui o empreendimento mais pernicioso e mais perigoso já conhecido, em confronto com as autênticas expressões da cultura humana, particularizadas, produto de contingências históricas, de raiz e estruturação própria, aptas a transcender a condição humana, fazendo proclamar que a vida não é o valor supremo, uma vez que algo existe acima da existência individual e de sua intrínseca precariedade. Desse ponto de vista, talvez se possa considerar a cultura-mundo uma forma de cultura; jamais, porém, de civilização. A crise atual é caracterizada por esse abandono; crise da espoliação do destino das sociedades humanas, crise da dependência consentida, crise do advento do indivíduo como dispensado de toda afirmação e de toda capacidade coletiva de agir. Além disso, crise de formulação do bem, assim como desse grandioso poder de apreensão da arte, e, por detrás disso, da cultura, pelo Bem. O utilitarismo de toda política cultural conduz, mais cedo ou mais tarde, à coerção daquilo que não é considerado um bem, culminando assim num delito contra a natureza espiritual do homem. Isso porque pretende, em suma, ignorar que sombra e luz fazem parte, em conjunto, das formas e cores das coisas, e que o bem e o mal são o verso e o reverso de uma mesma realidade incontornável: a vida. Quem encobre com subterfúgios os monstros, acaba por vivê-los em si.

AS SURPRESAS DO CONVENCIONADO

"O Ocidente está cego diante das consequências da globalização da economia e dos costumes."
Marcel Gauchet,
Le Monde, 2007

Nada mais simples, na aparência, do que o funcionamento de uma cultura dissolvida na economia, no contexto de sua produção, difusão e censura. Também nada mais simples do que o projeto cultural moderno, que se resumiria à absorção-subversão de todas as culturas existentes, em prol de uma forma e de um conteúdo universais. Nada mais indicado para um comentário favorável, nada mais oportuno para uma apologia do que essa suposta harmonização entre o belo e o útil, entre a emoção e a verdade. Afinal, não era esse o sonho acalentado desde Erasmo e Kant, que o belo, o bom e o verdadeiro, um belo dia, estariam associados? Não é essa a promessa brilhante de um mundo unificado?

Nada mais evidente, nada mais falso. Isso porque o projeto se choca com a experiência dos fatos, os eventos se sobrepõem às lendas, o esplendor do bem propício ao abandono se povoa de monstros enregelados e a eclosão de um ente (ainda sem nome e irreconhecível) se expande e dissemina.

A cultura-mundo é uma realidade. Praticamente não existe homem sobre a Terra que não a conheça, ainda que apenas sob a forma de um DVD de caratê, trazido de Hong-Kong. Quem sabe, no mais recôndito da ilha das Celebes (na Indonésia), alguns rapazes da aldeia de Kajang não estariam reunidos, agora, na casa do chefe da aldeia (uma das poucas, em toda a região, com eletricidade) para assistir ao filme? Imaginemos um cortejo de meninos que, numa noite sem luar, iluminam seu caminho com um punhado de vaga-lumes, de modo que temos diante de nós toda a montanha começando a andar. Não é difícil localizar a casa, pois há uma simbiose entre a moradia e os rapazes, que se acham dispostos a encontrá-la. Estão com o mesmo ânimo, embora cada qual o manifeste de seu modo, com excitações que lhes são próprias. Em sua fazenda em Wyoming – alguns milhares de hectares vergastados pelo vento, tórridos no verão e gelados no inverno, a quarenta quilômetros de seu vizinho mais próximo –, o fazendeiro Ted (vamos nomeá-lo assim) só retorna à casa depois de chamar seus cachorros (Kit e Sage), que estão sempre ao encalço de um inapreensível coiote ou de uma lebre astuta. Em seu lar, Ted, num gesto irritado, desliga a TV e pronuncia o seu veredicto habitual: "As obscenidades de sempre daquela gente lá de

90   A GLOBALIZAÇÃO OCIDENTAL

baixo. Aqui não precisamos disso...". "Aquela gente lá de baixo", ao que parece, seria Hollywood, Nova York, pior ainda, São Francisco. Também ele sabe o que cultura-mundo quer dizer... Dos extremos da África aos países do Golfo, há centenas de milhões de indivíduos convencidos de que a cultura--mundo não passaria de um complô judeu contra o Islã, cujo ápice se teria realizado na simulação do 11 de Setembro. Em terrenos não muito longínquos, judeus ortodoxos criticam os ídolos modernos e reconhecem como obra de Satã esses instrumentos de lazer contemporâneos, que desdenham o ritmo do tempo e das horas, das estações e do sabá, desviando o pensamento humano de Deus. Em dezembro de 2008, na ruptura do jejum, em Casablanca, encontrei-me ao lado de moças vestidas com *jeans*, fixando-me o olhar por trás do véu islâmico e bebendo Coca-cola. Em Karachi – nessa zona do Paquistão em que vigora a lei dos talibãs, rumo à instauração da lei corânica em toda a extensão do território –, retiveram-me por dois dias os guardas da zona franca, que passaram as madrugadas diante de *sites* pornôs... Em última instância, por que a cultura pornô não serviria de acesso à cultura-mundo?

A cultura-mundo é o lugar do paradoxo e das falsas aparências, para não dizer da confusão e da ilusão. Foi o teatro estratégico da Guerra Fria, e depois da hiperpotência norte-americana, mas já não é mais. Foi o lugar da decantada unidade do mundo, e de um mundo menos controlado do que submetido ao Ocidente, mas também não mais é. Existem as ONGs, o discurso pomposo da solidariedade humana e a desagregação das sociedades, que esmaga as classes médias e faz do isolamento a patologia urbana moderna. Existe a conscientização sobre os rumos da Terra, o *frisson* planetário, como fenômeno simultâneo e convulsivo, que desencadeia vibrações em uníssono em face do espetáculo do intolerável. Existe também a cultura do corpo, do bem-estar, o culto à forma, ao desempenho físico e à beleza programada dos campeões do narcisismo, que só têm como espectadores a si próprios, diante do espelho. Existe também a cultura da autoestima, da autossatisfação, a cultura da psiquiatria e da psicologia e das muletas das almas atormentadas.

A magnificência da enumeração exprime, nas oscilações de espírito e nas dificuldades da síntese, as surpresas vindouras. A estupefação exercida pela cultura-mundo provém primeiramente, e quase exclusivamente, da radical novidade dos instrumentos que comporta, assim como do ponto de partida único dos conteúdos que veicula. Acabou-se. Ultrapassado, superado. Os mesmos instrumentos que veiculam as representações simbólicas do Ocidente, os valores e modelos ocidentais, perderam a sua magia. Agora estão ao alcance de todos – de todos aqueles que decidiram se servir deles e que possuem uma plateia. E tais instrumentos não faltam. Os mesmos instrumentos que celebraram a unidade por omissão (não havia ninguém para contradizê-los, ou simplesmente para concorrer com eles) são utilizados doravante para promover a dispersão numa miríade de pontos de vista, numa fragmentação espetacular de discursos, tendo como finalidade a dissociação das consciências. Não é impossível que a maior surpresa venha a ser a da apropriação das fórmulas vazias da cultura-mundo pelos conteúdos, ásperos e plenos, das distintas culturas que tiverem conseguido sobreviver ao impacto primeiro da surpresa, resistindo à massificação e encontrando na agressão que sofreram uma maior confiança em si.

1 – O culto ao vazio

"A experiência vivida se torna determinante. Portanto, o teatro e a orquestra são decisivos para a arte. A experiência vivida talvez seja o elemento principal, em cujos braços a arte estaria a ponto de perecer."

Martin Heidegger

A cultura-mundo ostenta instrumentos surpreendentes, instrumentos que constituem uma reviravolta da experiência física do mundo sensível. Tempo real. Memória ilimitada. Conexões em frações de segundo. Satélites em órbita. E os bilhões em investimentos, em dólares ou em euros. A cultura-mundo identifica-se com isso tudo. O consumo dos produtos culturais exaure a prática. Que sentido faz exercitar uma hora de piano, se o CD de Samson François está ao alcance do um comando no computador? Na mesma direção, por que se consagrar ao canto (como faziam, com método e disciplina, as famílias alsacianas, a cada domingo), quando Callas se acha congelada para todo o sempre, num contralto extratemporal? A reprodução ilimitada, a disponibilidade permanente e o acesso a um clique transformam as condições da arte, assim como as da criação. Esses instrumentos devoram a cultura. Essa disponibilidade permanente condena o acesso. A cultura a um clique não é cultura de nada, nem cultura de ninguém.

Levando-se em conta a amplitude inédita, antes inconcebível dos meios, a questão do fim da cultura se formula. Dispomos dos meios da biblioteca universal, que cada vez mais se alimenta sozinha. Não há mais necessidade de mergulhar nos pesadelos de Jorge Luis Borges e de imaginar aquela biblioteca que toda a sociedade tem de classificar, ordenar e consultar: o Google faz tudo isso muito bem para nós. Concretizamos o sonho da memória universal, que permitirá à memória histórica desdobrar-se eternamente, fomentando a indiferença universal. A ficção do "Museu imaginário" é superada a todo instante pela consulta das obras via internet, ou mesmo os filmes digitais que fazem o inventário dos museus. A cultura do mundo está a três cliques no mouse – será que, por isso, tornou-se nossa? Dispomos dos meios da sociedade universal, que são a extensão do suave comércio ao conjunto de homens que trazem próteses baratas, disponíveis em todos os lugares e universalmente conectadas para se encontrar, realizar trocas, debates e para se entender. Em novembro de 2008, os estudantes da Universidade de Wuhan que frequentavam minhas aulas tinham observações a fazer a respeito do que eu escrevera sobre o crescimento da China, dois anos antes. Até aqui, qualquer inglês, qualquer francês dispunha de toda liberdade para dizer mais ou menos o que bem entendia sobre os indianos, chineses, e assim por diante. Eles acreditavam estar entre eles. Isso não é mais possível, pois os primeiros a ler o que escrevemos sobre indianos e chineses, via de regra, são estes próprios, que protestam e reagem quando acreditam terem sido desprezados, tratados injustamente, ou apenas mal compreendidos. Nesse particular, é frisante o caso de um artigo que saiu no *Herald Tribune* de 12 de março de 2009. De fato, as condições em que se exerce o pensamento mudaram. Praticamente todos os que têm algum poder de se exprimir, escrevem e publicam, sempre à vista de todos. O "comentário" se acha diante de nós. Não há volta atrás nessa assombrosa evasão dos contornos mais corriqueiros de nossas vidas: os conceitos de distância, tempo, massa e número. Claro, é muito mais difícil de controlar "a coisa em si" – o conteúdo das mensagens na cultura-mundo. Nada mais fácil do que enumerar as manifestações sensacionais, que granjeiam um instante de atenção, para nos levar à exaustão logo em seguida. Bach nos entregou a sua inigualável composição *O cravo bem temperado* para explorar por inteiro os meios de harmonizar as cordas do cravo. Contudo, essa obra de arte não constitui um elenco de prescrições técnicas. Leos Janácek compôs uma obra de espantosa força de expressão, não por efeito de instrumentos rudimentares, mas em razão da quase escassez de instrumentos musicais[7].

---

7 Ver, a esse respeito, a entrevista de George Benjamin e de Éric Denut: *Les règles du jeu*, Musica Falsa, 2004.

Quanto mais os objetos da cultura se acham à disposição de cada um, nessa mesma proporção vai minguando o contexto. Assim, por exemplo, poucos ainda podem dizer: "Estou me comunicando de Casablanca nesta data, dia 9 de abril de 2009...". A cultura que nos concede a dádiva do mundo inteiro é a mesma que nos arrebata os meios concretos de executar a obra, que são a concentração, o isolamento, o saber adquirido e a autonomia individual. O repertório é vasto demais, o material disponível é muito fácil de manusear e superabundante, o que obsta, ao artista contemporâneo, o ponto de apoio para a criação e, ao homem de cultura, um contexto onde experimentar a sua própria elaboração, o seu sentir pessoal e o seu saber.

Nós nos deixamos enredar pela ficção dos meios, embaraçados pela facilidade das ilusões da cultura instrumental. O insuperável deleite da convicção, da fé e do interesse comum[8] é permutado pelo prazer de dispor dos instrumentos, manuseá-los, montá-los e desmontá-los. O real só é capaz de coligar os que giram em torno do interesse. Nem a técnica nem a abundância constituem o corpo social. É o símbolo que congrega, remetendo uns e outros a uma esfera superior, de comum compreensão. O "nós" tem origem no obscuro, nos movimentos pendulares dos temperamentos e emoções, na mitologia da origem, do sacrifício em comum, do sangue compartilhado. Eis o que os arautos do *politicamente correto* em matéria de política civilizatória se recusam a ver: jamais conseguiremos reconstruir a sociedade sem que um fundador seja oferecido em sacrifício. Nunca reedificaremos a civilização sem um código de princípios, sem a fé no inverossímil, pois somente nós mesmos poderemos iluminar as vias que percorremos (por exemplo, em maio de 2009[9], o relatório do Conselho de Análise da Sociedade consegue a seguinte proeza: ao tratar da derrocada da civilização atual, exime-se de fazer qualquer referência ao termo "imigração"!). A obsessão pela transparência é o resultado concatenado da proliferação indefinida de redes, sistemas e organizações. No fundo, todos esses condutos servem para veicular tudo ou nada: palavras, imagens, poderes, esperanças, vazio... Por isso é que a economia do conhecimento constitui a nota característica das sociedades que se tornam estúpidas na

---

8 Ver, por exemplo, o artigo de Joseph Nye e do almirante Owens, conselheiros da administração Clinton, em *Foreign Affairs*, 1996: "A *web* é o grande meio de proporcionar estímulo a uma comunidade de Estados democráticos livres e prósperos."

9 Luc Ferry, *Face à la crise. Matériaux pour une politique de civilisation*, Odile Jacob, 2009.

proporção em que decidem viver para as transações comerciais. O culto à transparência vai-se espalhando como uma lepra contagiante: desvanece o que ainda restava de conteúdo, sustentação e individualismo. Utiliza-se de forma exímia dessa mobilização infinita na qual Peter Sloterdjik crê discernir a alavanca mais secreta e eficaz da redução de toda a existência humana ao fator econômico. Entretanto, também suscita a questão da possibilidade do surgimento de uma obra de arte digna desse nome em nosso mundo descontextualizado, imerso no irrealismo e esmagado pelos seus meios. É preciso pensar em um mundo sem obras de arte, no qual a postura do artista será apenas a de encobrir a mobilização econômica.

Nós assimilamos os instrumentos da cultura pela própria cultura, assim como aqueles que despendem qualquer dinheiro – às vezes, toda a fortuna – pelo luxo. Estamos à frente de um vazio, e logo saberemos mais a respeito. Saber o quê? Saberemos dentro em breve se não fomos ingênuos demais aceitando e difundindo a palavra de ordem de McLuhan, segundo a qual "o meio é a mensagem". No mesmo diapasão, a internet e o Facebook determinam as mensagens que se intercambiam, as vidas que lá são exibidas, e os discutíveis conteúdos que são transmitidos com uma vivacidade inaudita. Iremos logo saber se uma imagem realmente seria capaz de exprimir algo que já não esteja contido no comentário – independentemente de qual seja, levando-se em conta apenas a obscenidade da difusão planetária. Saberemos se o termo cultura-mundo não é uma repetição da surrada balela que levara o professor Vandermonde, na Escola Normal do ano III da Revolução Francesa, a proclamar que estava nascendo a democracia planetária como consequência automática da invenção do telégrafo, profetizando ademais que, "dentre os quatro meios pelos quais se governam os homens – imperativos da força, peso da autoridade, poder de sedução e domínio da confiança –, somente este último prevaleceria" [10]. Claro. Basta substituir a palavra telégrafo por internet, e vemos reprisado o bisonho discurso na década de 1990. Não é preciso lembrar o que aconteceu depois – bem sabemos em que medida a força e a autoridade bruta acertaram as contas com a história. Nos prenúncios dos gurus dos Estados Unidos, assim como em seus epígonos

---

10 Aula de 23 de março de 1795, citada por Armand Mattelart em *Histoire de l'utopie planétaire*, La Découverte, 1999. [Publicado no Brasil em 2002 sob o título *História da utopia planetária*, pela Sulina.]

franceses, não raro encontramos afirmações equivalentes. A internet, como instrumento da amizade universal. Também estas conhecerão o mesmo destino.

Uma vez que a função central de cada cultura é a de fornecer uma chave para a interpretação da sociedade, do mundo e da vida, a cultura-mundo persegue um objetivo bem diverso. Não se faz necessário compreender aquilo que fazemos. A cultura-mundo nos dispensa dessa natural propensão à curiosidade, à reserva e à circunspecção, que são pré-requisitos para qualquer obra intelectual. A serviço da economicidade, ou da concentração total das forças do indivíduo em favor do desenvolvimento, a cultura-mundo, concretamente falando, torna toda a sociedade ininteligível a si mesma e a cada um de nós. Em qualquer hipótese, qual a vantagem em assimilar bem isso ou aquilo, quando o negócio é produzir e vender? A cultura-mundo não desenvolve a consciência de si, mas, por suas mensagens enfáticas, a emaranha. Em vez de facilitar a compreensão do mundo, esconde-a por meio de ideias preconcebidas e de bons sentimentos. A Europa, nesse particular, constitui exemplo marcante: tanta vivacidade e tantos instrumentos, e tão pouca inteligência!

Toda cultura é formada, em princípio, por conhecimentos implícitos e subentendidos: daquilo que nos constitui perante nós mesmos e, em seguida, daquilo que faz os outros serem o que são. E toda cultura se desdobra no implícito de uma sabedoria que, a justo título, desconfia de um idílico sol sem sombras – assim como dos pseudoapóstolos, que falam, mas não cumprem, ou das promessas que são meras divagações do espírito. A cultura-mundo investe contra tudo que é implícito. Sacrifício do fundador, vítima expiatória, cerimônias de compenetração e omissão... Porões, catacumbas, masmorras... Foi dessas profundezas que Cervantes escreveu *Dom Quixote* e Marco Polo ditou o relato de suas "viagens"... Muitos se obstinam em ignorar que os ímpetos de ódio, inveja, ressentimento estão continuamente ativos nas obras, além de muitas vezes inspirarem algumas das quais se contam entre as maiores da humanidade, desafiando as épocas e os julgamentos. Hoje, contudo, toda vida particular, com a sua porção de sombra, sujeira e sangue, não passa de um *Ersatz*. Apresenta os aspectos exteriores da vida, mas acoberta o essencial – tudo quanto representa uma entrega àquilo que é mais do que o próprio viver, porquanto a existência só vale na medida em que se dá mais importância àquilo que, do interior de nossas existências, é capaz de suplantá-la.

96 A GLOBALIZAÇÃO OCIDENTAL

Aqueles que estão prontos a morrer, a matar, para que a Igreja de Notre-Dame de Paris não seja transformada em área de estacionamento, ou em mesquita, estes, sim, têm o direito de falar em cultura.

2 - O refrão do fim

Em profundidade, a cultura-mundo é parte integrante desse movimento de eliminação do mundo que sintetiza a dominação do liberalismo econômico, que se exerce há quase dois séculos e que explica senão a queda próxima, ao menos as inextricáveis dificuldades com que se defronta o mundo, as quais são, e serão doravante, cada vez mais, a crise da cultura--mundo como cultura do obscurecimento e do vazio.

A primeira eliminação a que se consagrou o liberalismo econômico foi a da natureza. Sentimos na pele os seus efeitos. A crise de 2007 teve início no contexto do aumento do preço do petróleo, que passou a 150 dólares por barril. A isso se seguiram rebeliões por causa da fome e da escassez de alimentos. Ainda só nos é dado entrever as consequências morais e políticas de um mundo apequenado, disperso e calculista, no qual o suposto predomínio do homem sobre a natureza conduziu a uma espécie de exílio da natureza humana no campo da experiência e ao fenecimento dos inumeráveis símbolos fornecidos por ela ao saber coletivo e ao imaginário político e religioso. Algumas dessas representações mais significativas da condição humana – de onde floresceram as noções de sagrado, divindade e todo o encanto simbólico do mundo – desapareceram a partir do momento em que a união com a natureza foi rompida. O que significam o pastor e seu cão fiel reunindo as ovelhas dispersas, o lobo que espreita e assola a região, o levedo na massa, o sofrimento nos trabalhos de parto, o sol erguendo--se em todo o seu esplendor no tempo da alimentação pasteurizada, das culturas fertilizadas em laboratório ou da abóbada celeste perpetuamente encoberta pela poluição de Pequim ou de Wuhan? Caminhamos em direção ao estilo dos japoneses, para os quais um vasinho com um tantinho de água e três cascalhos já bastam para ter contato com a natureza – a nossa cultura é chamada a tornar-se a nossa natureza. Os efeitos resultantes dessa amputação da realidade impõem-nos uma reflexão. Começamos por sustentar que uma grande parte de nossas representações imaginárias, que são comuns entre os aruaques, os venezianos e os asquenazes, vai se extinguindo por causa do distanciamento da natureza e de nosso alheamento dos fenômenos naturais, que intentamos manipular continuamente. Com efeito, a cultura era rural. Por meio dos animais, era a cultura da vida e da morte, do sofrimento e do perdão, de raças e de espécies, era a cultura dos ritmos, das temporadas e estações, do clima e do acaso. Quando esses figurantes dos serões, em torno da sanfona e das bordadeiras, entoam um cântico, no centro de Puy-en-Velay – "Minha terra, eu a trago sempre comigo na pele... Tu bem sabes, ó minha terra, logo mais, eu voltarei para ti" –, sem o saber, cantam o luto de uma ordem milenar da vida e da morte, que, desde o início, esteve associada ao gênero humano. O homem é o primeiro dentre os animais a não ter medo do fogo e que enterra seus mortos.

A segunda eliminação é a das fórmulas de cortesia, ou seja, das formas de relacionamento que sustentavam, uniam e estruturavam o indivíduo em seus liames sociais. Isso é recente. O ano de 1968 serve como ponto de referência simples, mas eloquente. Até a eliminação dos bons costumes e do fim da civilidade de trato, o capitalismo estruturou-se com base em padrões de comportamento e vínculos sociais que lhe eram estranhos, e que fincavam raízes, em grande medida, na religião e na ideologia. Eram certos princípios – altruísmo, gratuidade, responsabilidade pessoal, cumprimento do dever – que explicavam, por exemplo, porque os professores não dão as melhores notas aos alunos que tinham dinheiro para pagar, bem como porque muitos funcionários públicos trabalhavam sem motivações financei-ras – porque estavam a serviço do Estado. Chegamos às décadas de 1960, 1970 e 1980. Em nome de um liberalismo social, ostentado com ufania por aquelas correntes que ainda não estavam à esquerda da esquerda, e de um relativismo social, vigora o refrão: é proibido julgar! Numa só geração, o "liberalismo" dos costumes – faceta nova do capitalismo liberal – realizará este prodígio: fazer da dissolução das formas e estruturas que ligavam o indivíduo à coletividade, as comunidades em sociedade e as sociedades em sistema político uma das molas propulsoras, quiçá a principal, do re-gime de crescimento desordenado. "Liberação" das normas de pudor, de decência, do conformismo social – mas para quê? Tudo em prol de uma submissão galopante ao mercado, à centralização de todos os esforços e à concorrência generalizada, ao empenho em transformar o relacionamento humano, em todo o espectro do convívio, num mero contrato entre indi-víduos. O professor da London School of Economics, lorde Layard, nos comunica o resultado de tais "progressos": na década de 1960, 60% dos adultos norte-americanos confiavam em seus vizinhos. Hoje, porém, esse número caiu pela metade.

A terceira eliminação provém daí. Desdobra-se sob a influência do Bem, do Universal, e encontra sua fórmula na expressão dos direitos humanos. Apregoa que nada daquilo que é próprio do humano nos pode ser indiferente. Proclama que os direitos são os mesmos para qualquer um, que todos os homens se equivalem, que todas as diferenciações têm seu lugar no interior de cada agrupamento social, e que nenhuma forma de discriminação pode ser tolerada, nem mesmo em nome da unidade interna de um grupo. Reafirma e pretende efetivar o princípio dos direitos ilimitados do indivíduo, contra toda espécie de coletividade que os proponha restringir. Procedendo dessa forma, relativiza as conquistas de tudo aquilo que se conhece como sinal distintivo da civilização, e que tomou a forma política definida de laicidade, democracia representativa, lei do sufrágio universal. Inebria-se com o mito das liberdades individuais, excogitadas contra os desmandos passados das gentes de cada terra, dos respectivos folclores, idiossincrasias nacionais e crenças. Fazendo-o, consagra a primazia do homem nu, entregue ao nomadismo, ao isolamento, à indefinida errância, sem vínculos com ninguém, isento de tudo aquilo que não corresponde ao seu interesse imediato, ou à ideia que concebe a esse respeito, rejeitando *a priori* toda forma de dependência à sociedade constituída como tal. Desse modo, substitui o homem concreto pelo indivíduo abstrato que somente é definido pelos seus direitos. Sem sombra de dúvida, também o movimento em sentido inverso se faz sentir. A luta contra as discriminações, em favor da igualdade de direitos e das condições sociais, amesquinha, de forma duradoura, a noção de diversidade humana. A chamada igualdade social é um instrumento eficaz para fazer das mulheres homens como os outros, e o respeito às diferenças não passa de um ardil oferecido numa bandeja pela Europa, que confronta o Islã com o esfacelamento progressivo da própria identidade europeia. Esta vai caindo no esquecimento, tendo como pano de fundo o soporífero elixir da TV via satélite e da internet. No fundo, são todos dos nossos, porque também somos todos deles – a bem dizer, humanoides sob bolhas e sob câmaras de vigilância, comunicando-se pelo teclado e se fazendo exprimir por intermédio de uma tela! Aquilo que o distanciamento preservava, ou que a comedida separação entre os indivíduos encorajava – certamente, por vezes, na injustiça, ou no azedume das naturais rivalidades –, o liberalismo diluiu no não ser, nesse vazio acolchoado e confortável dos grandes centros europeus, ou dos bilhetes de viagem impressos em euros, em cujas efígies nada de humano se pode vislumbrar. O ano de 2010 foi proclamado "o ano da biodiversidade". Quando será proclamado o ano da diversidade humana, da recuperação das culturas, das civilizações e das identidades ameaçadas de extinção, por efeito da agressão da cultura-mundo?

O mundo está diante de nós, e não sabemos mais vê-lo. A profilaxia ultrapassou o domínio médico, tornou-se técnica cultural; e a política dos direitos humanos, bem como a moral da uniformização e da indiscriminação, são utilizadas como álibis para nos desinteressar totalmente da realidade do mundo. A questão é menos a da uniformização de todas as culturas no contexto da cultura-mundo do que aquela sobre a ignorância transformada em cultura. Está tudo bem, melhor não compreender. Compreender significa começar a pôr em dúvida. Isso porque a organização do mundo em ordem da casta que viaja de avião, que fala inglês e que ama com ternura as ONGs, vem acompanhada de uma indiferença em relação ao mundo, que mal esconde a rejeição deste. Além disso, o Tribunal Penal Internacional existe para emitir mandados de prisão, deter e julgar todos aqueles que vivem simplesmente a sua história, a história de seu povo, de sua nação, e que sabem que a vida e a morte são o único jogo real.

Ao cabo dessa eliminação, um neutralismo militante, autoritário, reina sem complacência. É proibido haver o sagrado, e também que se faça referência a ele. É proibido tudo aquilo que transcenda a esfera do interesse individual, assim como tudo aquilo que sugira ser possível morrer ou matar por qualquer outro valor que não a vida. Daí a cultura não sai ilesa. É jungida a não impor obrigações, a não mais fazer distinções, a abandonar toda e qualquer veleidade de transcendência, todo ressaibo de verticalidade, para se tornar mais um produto, igual aos outros, entregue sob demanda. Supondo-se que a cultura ainda seja o que sucede com a natureza, na história da indústria e do engenho humanos, presumindo-se que cultura e natureza se contraponham como duas margens de um rio em cujas águas singram iniciativas e sonhos humanos, deve-se concluir que o rio corre fora de seu leito, e que os pontos de referência deixaram de existir. Isso porque a eliminação da natureza como natureza – isto é, gratuidade, superabundância, amplitude ilimitada – também é, irremediavelmente, eliminação da cultura, ou, pelo menos, dessa cultura que era transfiguração da natureza.

Tendo perdido o seu ponto de apoio, ela rodopia agora na vertigem. Dar forma e conteúdo à natureza é igualmente e pelo mesmo movimento dar forma e conteúdo à cultura, a outra cultura. O fim da natureza é também (talvez sobretudo) o da cultura.

Obviamente, falamos em igualdade, massificação. Mas quem é mais respeitoso? De um lado, o missionário que, crendo na virtude mística de máscaras indígenas, as destrói (porque acredita no sagrado e discerne nesses disfarces uma manifestação poderosa, que põe em risco a doutrina que traz). De outro, um indivíduo que, contemplando belas formas decorativas, com cores e traços agradáveis ao olhar, coloca as mesmas máscaras em um museu, mostrando-se totalmente insensível à conotação de sagrado, de místico e de encantamento que elas contêm. Note-se bem: não pretendo eximir de culpa o padre Laval, que, em Rangiroa, sob pretexto de "elevar as populações locais", mandou queimar estátuas e máscaras tidas como diabólicas. Igualmente não aprovo a atitude dos escoteiros que, em Lourdes, em 1972 (algo relativamente próximo, portanto), falavam de ir à África para queimar os ídolos pagãos. Imagino que esses indivíduos se tornariam voluntários perfeitos para as ONGs! Ninguém mais do que um católico percorrendo as contas de seu rosário seria capaz de compreender tão claramente o que sente um muçulmano que estende o tapete e se prosterna. Quem mais do que um católico saberia perscrutar os refolhos da consciência de um felá egípcio, quando este se curvava diante da sombra multiforme do faraó invocando as bênçãos do Nilo para fecundar a terra e encher os celeiros de grãos? O que ainda palpita nos museus e nas igrejas é uma atmosfera impregnada de sagrado. E o que explica as longas filas de espera à porta dos museus, como também o que suscita perguntas inéditas sobre o controle do fluxo de visitantes em todos os grandes museus do mundo, o que leva todas as novas megalópoles do hemisfério sul a pagar para ter um Louvre, um MoMA ou um Van Gogh, é simplesmente o que faz com que as máscaras subtraídas de sua terra de origem e levadas ao Museu do Quai Branly [museu de Paris que expõe coleções de objetos de civilizações da África, da Ásia, das Américas e da Oceania] ainda falem do horror de ser um homem, da dignidade de preservar a sua condição humana e da insuficiência do mero viver como ideal de existência.

3 – O poder desconhecido

Internet, telefone via satélite, marcas de luxo, séries de TV, livros sobre administração que invadem os *displays* dos aeroportos de toda a Ásia, a incessante atualização informativa sobre os mais recentes números da Bolsa, do câmbio e das taxas...

É preciso escolher um nome atualizado para o *soft power,* aquilo que Hillary Clinton vem denominando *smart power,* e que consiste em substituir a confrontação definida do campo de batalha, ou a concorrência de mercado, por mecanismos escusos e ambíguos, por representações, palavras e, como se não bastasse, por sonhos. Afinal, os sonhos nada mais são do que o campo último e decisivo das batalhas que doravante contam: batalhas que não precisam ser travadas, pois já estão ganhas – ganhas alhures. Os missionários viram as coisas com clareza. Seu sonho era o de ver o deus dos indígenas exterminado e prostrado, mediante a conquista dos impérios asteca e inca. Sim, esse deus dos indígenas, contra o qual exorcismos e fogueiras dos missionários não logravam surtir efeito, nessa nova terra que se esquivava às investidas dos negociantes e banqueiros. Claro, o sonho, a partir daí, tornou-se o grande objetivo de todas as colonizações, o terreno das derrotas consumadas de todos aqueles que resistiram. De arrozal a floresta, de savana a matagal, a nova configuração do ideal: propaga-se o ideal norte-americano, assim como as promessas para sempre utópicas de uma vida melhor, da vida como é lá, nesse paraíso irreal difundido sem parar pelas séries hollywoodianas.

A exteriorização mais premente da cultura-mundo é de uma natureza inteiramente inesperada: é a da ordem. Cultura como uma convocação à ordem, como a recolocação em ordem de um mundo confuso e desorientado. Cultura como instrumento de outro poder sobre o mundo – de índole mais econômica, mais discreta e também mais eficaz. Cultura por meio do esquecimento e da ignorância, esquecimento e ignorância que tão bem permitem assegurar a ditadura do instante sobre as insubmissões do saber e da história, autorizando cada qual a fugir da corrupção de suas origens em troca da pretensa veridicidade do momento presente, estabelecendo a superioridade inconteste do presente, suprimindo qualquer forma de comparação possível com outros tempos, outras sociedades e outros lugares. O que é a história, "reescrita" pelo viés do arrependimento compulsório e da memória, a não ser o pedestal pacientemente construído para a glorificação enfática do presente? Evitando os obstáculos do tempo e do espaço, nossa cultura restringe a consciência e suprime a imaginação. Desse modo, origina-se do poder e a este presta serviço. Não há nada de novo nesse terreno desde o *panem et circenses* romano, passando pela meticulosa e obsessiva vigilância vaticana e pelo *imprimatur* dos bispos, como também pela fiscalização policial sobre os vendedores de livros religiosos e difusores de maus livros, maus pensamentos e figuras censuráveis... Nada se inovou na matéria. É sempre o mesmo cuidado em afastar das populações o gênero de informação, discurso e pensamento que poderia se voltar contra interesses bem constituídos: a conformidade em relação ao próprio ofício, a submissão à ordem, a sujeição estrita à lei e ao mandante. Nada de novo, indiscutivelmente, na ideia tão comezinha de que o pensamento deve ser apanágio somente de alguns, que o discernimento crítico constitui árdua tarefa, e que é mais prudente não pôr ao alcance de qualquer um instrumentos de reflexão, de análise, sob o risco de expor pessoas ineptas a perigosos domínios.

Simplesmente, os instrumentos se transformaram. Simplesmente, os meios de comunicação planetária, de concórdia universal, aqueles que permitem que se encontre um amigo em três cliques no computador e que se compartilhe uma foto em tempo real, representam, concomitantemente, formidáveis instrumentos para o conformismo, a normatização do campo do pensamento, da expressão e até do sonho pela saturação das faculdades do sentir, ver e pensar. As vantagens do conformismo obtidas pela impregnação, pela sugestão e pela adesão espontânea constituem uma imensa economia do poder e da responsabilidade. E, ainda maior, de uma invisibilidade do fator político e da presença do Estado, que, nesse caso, pode aplicar-se àquilo que verdadeiramente lhe interessa: fazer de indivíduos isolados e seduzidos pela ilusão grandiloquente dos falsos símbolos de liberdade pessoal uma massa de manobra para a concretização de seus capciosos intentos.

Convém que nos detenhamos um momento no estudo dessas novas condições culturais, ou seja, do alinhamento automático de todas as formas de expressão, criatividade e vontade humanas, condições que a "administração democrática", sob o invólucro de *smart power*, se propõe a desenvolver. De início, para aquilatar a sua manifesta importância, pois se revela capaz de conquistar guerras sem o uso de armas! Em seguida, para medir o que significa essa forma de apropriação da cultura na categoria de arma à disposição. Por fim, para apreciar os resultados das mudanças operadas em concreto nas condições culturais, isto é, na difusão, no fácil acesso a todos, assim como na produção de bens e serviços. Isso porque as condições efetivas daquilo que orienta a consciência de cada um, daquilo que fundamenta o debate político e a decisão pública, alteraram-se radicalmente a partir das duas últimas décadas, a tal ponto que a indústria dita "cultural" poderia mais apropriadamente chamar-se indústria da conformidade e a tal ponto que uma sonora gargalhada deveria constituir a resposta para as pretensões de uma plêiade de artistas, criadores e ensaístas dispostos a "contribuir para aumentar o grau de consciência e libertar os indivíduos", visto que a função comprovada desses artífices do progresso consiste na fabricação de humanoides, desprovidos de quaisquer diferenciações e convicções, incapazes de conceber algo que vá além de sua própria existência, e incapazes também de se defender ou de lutar em favor desta ou daquela crença, dado que é proibido acreditar no que quer que seja.

Descrever esse fenômeno equivale a medir o aniquilamento do ensino de línguas estrangeiras nas universidades norte-americanas[11] e o decréscimo do número de livros traduzidos para outros idiomas. Igualmente permite avaliar que, bem exatamente agora, quando se propala toda espécie de banalidade sobre a cultura-mundo, nunca as línguas estiveram tão compartimentadas, fechadas em si, e jamais a ânsia de saber esteve tão em baixa. Sob a falaciosa roupagem da globalização, instaura-se a introversão das sociedades em seus dédalos de incertezas e no exclusivo manejo de suas questões internas. De tanto tolerar, ninguém levanta interrogações e questionamentos: a indiferença total é o efeito da emoção planetária. Isso corresponde a analisar a perda da noção de recuo histórico, das distâncias, desse trato que era um dos frutos mais notórios da cultura. Tudo em proveito de um cinismo e de uma histeria que traduzem a incapacidade de aceitar aquilo que incomoda, ou que possa representar obstáculo e desafio, além de uma incapacidade política extrema. Enfim, uma degradação moral e um retrocesso da civilização e dos costumes. Com relação à Europa, seria simplesmente fazer o histórico da censura, dos crimes por delito de opinião, assim como das múltiplas e reiteradas sanções previstas para a expressão incorreta do pensamento. Para isso, bastaria ler o relato da condenação de Baudelaire após a publicação de *As flores do mal*. Também seria conveniente

---

11 Ver, a esse respeito, a publicação *Harvard Business Review*, maio de 2009.

conhecer o drama que representou para Flaubert a acusação de obscenidade, lembrar-se de todos aqueles que foram aprisionados, supliciados, queimados na fogueira, bem como de todos que foram proibidos de escrever, pregar, aparecer em público, para já aventar aquilo que os historiadores, romancistas e eruditos dirão, mais tarde, a nosso respeito, conjeturando a maneira pela qual eles julgarão a hipocrisia de nosso tempo, que se jacta de patrono das liberdades, enquanto exerce com denodo o ofício de censor. O país dos inflamados panfletários, de Voltaire e de Drumont, reinventando o delito de opinião! "Liberdade para a história" (nome da associação presidida por Pierre Nora) teria entrado no rol dos palavrões? Será que a força e mesmo a violência dos instrumentos da cultura-mundo conduziriam ao restabelecimento do *imprimatur* e à ampliação do delito de opinião? Uma imposição dessa natureza não seria uma insólita escapatória para a proclamação da fé individualista? Estranha sociedade de conhecimento, capaz de sacrificar o saber histórico e a geografia em benefício do pensamento correto, uniforme e sem sobressaltos! No fim das contas, o ponto capital não seria reescrever e reinterpretar a história, mas censurá-la: todo esse esforço para evitar que os movimentos dos povos, o jogo dos interesses legítimos e das diferenciações inevitáveis não desfechem numa renovação da história que faria despertar as identidades coletivas, estimulando-lhes o gosto em compreender e julgar antes de agir!

Isolado, o indivíduo conformado, normatizado, enquadrado, sem gume e sem arma, encontra seu lugar no éden individual, cuja política assegura tão bem a infraestrutura de manutenção. À procura de novas regras para o rebanho humano (ou para o cachorro que conduz o rebanho), a cultura dispõe de um lugar privilegiado: é o cachorro que toma conta do rebanho. Ela se limita a variações sem originalidade em torno dos grandes temas do cotidiano: a interpenetração entre os povos, a diversidade, a unidade do gênero humano, a democracia universal. Contudo, ignora que esse conto da carochinha não tem nenhuma chance de se tornar real. Dispensa-se de avaliar o pélago de irrealidade em que lança suas vítimas, condicionadas a preferir o mundo de fantasia da TV e a embasbacar-se com a realidade virtual, deixando de lado o real, uma vez que tardam em acordar para a vida concreta, em que o ódio, os ressentimentos e a violência jamais abdicam de seu papel, mas também em que despontam renascimentos fecundos e reinícios radiosos.

O QUE PRENUNCIA A CULTURA-MUNDO

Fim das culturas, certamente. E também fim do outro aspecto do mesmo fenômeno, ou seja, da cultura-mundo. Isso porque a cultura-mundo é uma vitrine, que mal disfarça que o mundo está sendo eliminado. Ficção que ainda se mantém, ensaio de bastidores que logo mais levará ao brusco abrir das cortinas, arrebatando por fim atores e espectadores, que ficarão desembaraçados para sempre das desgraças sem fim... O realinhamento da história, a amplificação e a aceleração das crises surgidas da confrontação com a originalidade do mundo, a redescoberta das verdadeiras paixões dos homens, privados de nação e expulsos de seus rincões natais, que passaram a significar apenas divisões étnico-religiosas, abrem o leque para um vasto panorama, que é o da pós-cultura-mundo. É o nome que logo mais emergirá do noticiário. Porque o desvio foi muito grande, o afastamento do real tão vertiginoso...

1 – O novo rumo

Em certo sentido, somos os primeiros homens que se defrontaram com a pequenez do mundo e com o esgotamento da natureza. É o reverso inesperado do totalitarismo e do crescimento. A superabundância, a gratuidade e a liberdade da natureza chegam ao fim. A surpresa não é pequena. Ao cabo do abandono das correlações de força e dos efetivos interesses pela compaixão e pelos bons sentimentos, irrompem desordens, ódios, caos, fenômenos sobre os quais a razão terá perdido o controle. Ao cabo do processo de descaracterização dos indivíduos em favor de algo que não diz respeito ao seu querer, dá-se o choque a propósito da escassez dos bens fundamentais, e emerge o espectro da morte. De fato, a revelação de que a morte está sempre à vista, que é uma realidade intransponível (e que até poderia provir da força que nos impele adiante há três séculos), é a consequência mais surpreendente e mais trágica da globalização. Ela interpela a cultura-mundo, porque modifica as condições concretas de seu espraiar--se, assim como de seu poder de atração. E dá origem a um mundo novo.

1 – Mundo do retorno à vida física e ao real. Os automóveis têm carrocerias de metal, os plásticos são fabricados com base no petróleo, e as

casas e os imóveis se fazem de pedra, areia, madeira e vidro. E o fogo pode matar. O retorno aos bens reais está definido. A questão em foço não é mais a das conexões via internet e do alto débito, do mundo virtual e dos avatares. Agora, voltam à cena a água, o arroz, a madeira, o ar. A escassez dos bens essenciais passou a ser o fato econômico decisivo, algo que a superabundância do ciclo anterior pusera no esquecimento, gerando partilhas bizarras de lucros e patrimônios. O problema do acesso aos bens fundamentais dominará o mundo em gestação, com a perspectiva esperada dos bens concretos sob racionamento, somada a um aumento explosivo do custo de vida. Verifica-se a evolução dos preços de gêneros de primeira necessidade: de janeiro de 2006 a janeiro de 2008, com base na CBOT (mercado de produtos alimentícios situado em Chicago), triplica o preço do milho e do trigo, o que fornece um exemplo de como andam as coisas, e do que está verdadeiramente em jogo[12]. A penúria alimentar é a realidade provável dos próximos dez anos. Isso acarretará surtos imigratórios de um alcance inimaginável: os homens deslocam-se para os locais onde a terra é capaz de fornecer-lhes alimento. Nem seria preciso acrescentar que a ocorrência de conflitos decorre imediatamente da nova situação. Regressamos ao mundo da primeira globalização. A riqueza dos bens reais volta a ser a riqueza essencial. E a cultura passará a ser a cultura da escassez, da economia e do protecionismo – cultura do comedimento, da abstinência e da moderação.

2 – Mundo calculado, pequeno, limitado. Não haverá o suficiente para todos. De um lado, as promessas de fundos marítimos em torno das Ilhas Malvinas ou de Assunção despertam rivalidades entre Grã-Bretanha e Argentina. De outro, as riquezas do Ártico suscitam uma nova corrida ao polo. Por fim, a abertura da sonhada passagem do noroeste para o tráfego marítimo embaralha o panorama estratégico. Cada uma das potências envolvidas finca a sua bandeira, delineia as suas posições e define a sua estratégia. Num mundo de proporções delimitadas, aquilo que é conquistado por um é, inevitavelmente, arrebatado de outro. Essa mudança de perspectiva é prenhe de consequências nas correlações entre indivíduos, comunidades e Estados. Ninguém é capaz de prever o que acontecerá se efetivamente não houver o essencial para todos: ar, água, espaço e alimentos. Falando em termos muito concretos, cada passageiro de um voo Paris-Tóquio, cada

---

12 Ver Jorgen Moller, "The Return of Malthus", *The American Interest*, julho de 2008.

motorista que desafia os radares, perfazendo o percurso Paris-Nice a 180 km/h, confisca de outros o ar que respira. A cultura do individualismo, isto é, a cultura de liberdade completa na utilização do espaço público e na apropriação particular dos bens comuns, choca-se com esse mundo de contornos limitados. O mundo, o nosso mundo, chegou ao fim. Não obstante Paul Valéry nos ter advertido a respeito, ainda não percebemos por inteiro o que ocorre, habituados que estamos a uma natureza que nos presta serviços gratuitamente, e cujas potencialidades nunca se esgotam: acabou-se. E não avaliamos o que significa a entrada em cena de 6,5 bilhões de homens e mulheres com uma aspiração única: mais da metade desse total possuirá, no próximo ano, um telefone celular! É a contrapartida da diversidade, que tão levianamente lançamos a uma fogueira. A cultura-mundo excita infinitos desejos num mundo finito. Nem todos dispõem de meios para satisfazer os próprios anseios: para atender às demandas de todos segundo os padrões californianos, seriam necessários nove planetas. Assim, a cultura-mundo é responsável pelo desaparecimento do mundo.

3 – Mundo revirado de cabeça para baixo. Essa reviravolta é da mais alta importância cultural, pois significa que o Ocidente perde, inapelavelmente, a iniciativa de direção do mundo, pela incapacidade de exportar os seus homens, e até pela incapacidade de manter os seus territórios. Os cientistas políticos dos Estados Unidos, que já consideram a Europa continental como porção incorporada ao Islã, não pensam que a cultura-mundo haja vencido, nem mesmo que seja irreversível, mesmo em solo europeu... E se engana quem supõe que seja apenas no Golfo Pérsico ou no Irã que o fundamentalismo e o extremismo islâmicos impõem ameaça. A realidade demográfica é implacável: países velhos, ricos e vazios costumam atrair homens de países pobres e jovens. A notícia ganha maior amplitude no que concerne à irradiação da cultura: demografia e geografia econômica se reaproximam, após se terem divorciado por completo no passado[13]. Antes de 1820, Índia e China eram os dois países economicamente mais ativos do mundo, muito à frente da Grã-Bretanha e da França. Ao longo de um século e meio, os altos índices demográficos de ambos aqueles países constituíram uma desvantagem determinante. A globalização permitiu-lhes utilizar a sua

---

13 Ver, sobre esse assunto, Richard Rosencrantz: "Size matters", *The American Interest*, julho de 2008.

108 A GLOBALIZAÇÃO OCIDENTAL

arma única: o trabalho gratuito. Eles aprendem, acumulam, investem. Em menos de 20 anos, estarão entre as três primeiras potências econômicas do mundo (desde que, é claro, uma instabilidade política interna não os faça soçobrar). Desde já, os países denominados "em vias de desenvolvimento" – que concentram 80% da população mundial – representam mais de 55% do PIB mundial, em paridade com o poder de compra. Em 1960, a Europa era mais povoada do que a África. Em 2030, pode-se prever que a proporção deva ser de um para três, ou seja, 500 milhões de europeus para 1,5 bilhão de africanos (segundo os cálculos de Jeffrey Sachs, feitos em agosto de 2008, a população africana deverá chegar à cifra de 1,8 bilhão, em 2050!). Por sua vez, o crescimento econômico da maior parte dos Estados africanos gira, hoje, em torno da faixa de 5 a 10%, levando-se em conta o fluxo das matérias-primas. Somente um etnocentrismo inveterado nos levaria a crer numa superioridade congênita da Europa, que preservaria essa aberrante situação: considerar normal (como se dava ainda na década de 1990) a retenção de 60% da riqueza financeira da humanidade em mãos de 10% da população mundial. E o que dizer da concentração recente da iniciativa cultural – relativa ao poder de emissão de representações e símbolos?

4 – Mundo da decomposição-recomposição do comum. Entende-se por *comum* o que diferencia os membros de um grupo humano que se autodetermina. É pelo fato de os homens não serem idiotas racionais que isso funciona. Quando se tornam assim, por exemplo na Lehman Brothers, no Citigroup ou na Merril Lynch, dá-se a explosão financeira. Em razão de alguns – a bem dizer, a maioria – conservarem noções tão estranhas ao pensamento liberal, como é o caso do interesse coletivo, a probidade nos negócios, a sinceridade de propósitos e o amor do trabalho bem executado, é que um mínimo indispensável de confiança, tolerância e sutileza pode ser garantido. São aqueles que se responsabilizam pela porção não contratual do funcionamento coletivo; são os depositários das verdades implícitas, sem as quais uma sociedade se imobiliza. Acham proveito na gratuidade dos sistemas cooperativos, formais ou informais, contrapartida indispensável à intensidade da concorrência dos sistemas de mercado. E mantêm em pé uma cultura de conexões humanas fundada na gratuidade, no inter--relacionamento e na exclusividade do grupo. Disso provém esse espantoso fenômeno: no momento em que o alijar-se da religião se afigura como uma realidade consumada, a religião continua ocupando papel tão relevante no

debate público. Daí o caráter desconcertante dos chamamentos à moral, à ética, precisamente em sociedades nas quais só o interesse individual pareceria ser levado em consideração. Daí o apelo permanente à solidariedade em sociedades que exterminaram todas as ligações, os compartilhamentos e os bens comuns. Daí, também, a dubiedade essencial dos Estados Unidos: erroneamente identificado com o liberalismo, embora este seja o fundo vívido das virtudes individuais de seu povo e o tecido urbano dos engajamentos coletivos que permitem manter a estrutura social atuante, em face de um nível de concorrência e de competitividade além do imaginável. Para cada norte-americano, ser norte-americano não é um detalhe de sua história, mas indica uma ligação com a epopeia dos primeiros fundadores.

A consequência é evidente: sob a camada (com graus de espessura diversos) ideológica do liberalismo, há uma corrente que emerge das profundezas. Esta se acha mais voltada para a preocupação corrente – sobreviver – do que para as questões ambientais. A primeira das instabilidades previsíveis, direta ou indiretamente, pelos efeitos que provoca sobre os comportamentos coletivos ou individuais, será a do sustento. Ela procede muito simplesmente das incertezas quanto à viabilidade de sobrevivência dos seres humanos em seu meio. Sob a égide da sobrevivência, em nome da política do existir, um fenômeno bem diverso da corrente liberal se delineia:

1 – Superação da economia tradicional. Era essa noção em que se fundavam as comparações internacionais, as medidas de desenvolvimento, sobretudo aquilo que tomou de fato a dianteira de nossos organismos sociais, a partir do momento em que o liberalismo transformou a noção de crescimento num dever absoluto. Iremos reaprender que o mercado é uma instituição, isto é, uma entidade moral dotada de um poder convencionado entre todos, assim como reaprenderemos que a nossa economia de mercado cessou de existir sob os moldes configurados pela primeira revolução industrial. Até então, ela postulava a gratuidade da natureza e dos recursos naturais. Mas estes são limitados, encontrando-se ademais em processo de extinção. Por isso, a questão da sobrevivência é o ponto capital a ser discutido; e a segunda se refere às garantias esperadas. A corrida aos bens reais já começou e trará consequências incríveis. Viver no isolamento, afastar-se dos demais, sobreviver sozinho, eis o que se tornará exceção à regra. De fato, aquilo que a saturação do mundo real coíbe somente será possível no mundo virtual.

2 – Volta às terras de origem. Significa retornar ao território que permitirá viver, respirar, proteger-se, alimentar-se, encontrar-se – eis o que importa. A política da sobrevivência não será nada mais do que uma política territorial, relativa à cidade e às autoridades locais. Descobrimos este paradoxo: para resolver os problemas universais e coletivos do meio ambiente, importa bem mais que haja Estados com pleno domínio sobre os seus territórios do que uma miríade de instâncias internacionais. Aqui entra por inteiro o tema do *State's building*, que ocupa papel de destaque entre os princípios norteadores do Ministério da Defesa dos Estados Unidos.

3 – Desestabilização da ordem econômica. Uma regressão acelerada do crescimento econômico, o que provocará uma angústia moral e existencial sem precedentes, sendo também este um fator que suscitará a busca desnorteada do apoio na coletividade e nos grupos identitários. Já dizia Nietzsche: "O trabalho é a melhor polícia". O que sucede quando se trata de circunscrever a guerra à natureza? Realmente, ainda não pudemos avaliar por inteiro como, sob o signo da indeterminação em contraposição ao indivíduo, fabricamos robôs isolados, isto é, seres sem parâmetros, sem estruturas e, por isso mesmo, predispostos a qualquer insanidade, inclusive a qualquer forma de violência. Eis a contrapartida da globalização, assim como da violência mediante a qual, sob o pretexto da tolerância e do respeito às minorias, sufocamos a diversidade do mundo, isolando nichos geográficos e ecológicos em que os homens desenvolvem a sua história à margem da nossa. Nós os forçamos a fazer parte de nossa história, sob ameaça de morte. A tentativa de reduzir as últimas tribos livres localizadas entre o Paquistão e o Afeganistão ou a de liquidar as populações dos planaltos indochineses ou bolivianos (sob a alegação de que, por esse meio, estaríamos concorrendo para recuperar os drogados do Harlem) não constituem comprovação eloquente do que afirmamos? Ainda não calculamos como já foi dado o sinal de partida para essa busca desenfreada do apoio identitário, cujos primeiros efeitos se tornam visíveis (incompreensíveis apenas para quem continua aferrado aos clássicos critérios economicistas e jurisdicionais). O hábito de recorrer às intermediações coletivas para assegurar a sobrevivência vai-se tornando moeda corrente. Ninguém combate por muito tempo sozinho, nem dura por um longo período no isolamento. A cultura que virá corresponde à procura das diferenças principais e das identidades básicas.

4 – Em busca do poder. Diante das ameaças à sobrevivência, da pressão em favor do desenvolvimento e da violência do autoritarismo econômico, o retorno ou a retomada pela força será um anseio dos povos e dos indivíduos vítimas do desarraigamento e do isolamento, que, atingidos em sua honra, terão nisso o primeiro motivo para agir. Assim, por exemplo, que poderá significar para o futuro da Europa o fato de Putin reavivar os brios feridos dos russos, após a pilhagem de suas terras na década de 1990? Analogamente, quem poderá avaliar o que significa para a China e para a Índia dois séculos de humilhações? Por fim, para algumas centenas de milhões de homens e mulheres entregues à completa miséria do indivíduo consumista, em que medida o Islã pode representar a única via que se abre para recobrar a dignidade? Só as coletividades dotadas de poder conseguirão assegurar aos filhos de suas terras as condições para a sobrevivência, ainda que pela força, quando necessário. O poderio político e militar não pode deixar de se fazer sentir como salvaguarda para todos aqueles que se viram desprovidos em face do mercado e das regras da economia. A conjugação da alta dos preços dos mais fundamentais dentre os bens de consumo, com o desenvolvimento e a difusão em escala universal dos sistemas e métodos, produzirá este efeito: o conceito de potência reaparecerá irmanado com o de grande contingente populacional. Nesse sentido, não está distante o dia em que os dois países mais densamente povoados do mundo entrarão para o rol das três maiores potências, como os principais veiculadores de símbolos e representações. Um expoente universal chinês, indiano, turco... Aí chegaremos. Os primeiros sinais já se fazem ver.

2 – Os tempos da barbárie

A cultura-mundo absorveu o mundo real. Contudo, o retorno das particularidades expulsará o antigo sistema. Tudo aquilo que a cultura--mundo procurou encobrir – ideia de morte, sofrimento, violência, paixões frenéticas, poesia, responsabilidade – reaparecerá, com ímpeto renovado.

Sobre os escombros do que foram as culturas, tudo pode florescer novamente. Fatores novos poderão intervir. E, logo de início, preenchendo o imenso vazio aberto pelo descaso com o sagrado, a ruína da autoestima e a confusão disseminada pelo mundo que destruiu as singularidades.

A questão referente ao sagrado deve ser colocada pelo esfacelamento do religioso, relegado no interior das infraestruturas. Esse esfacelamento nada mais é que um efeito do exílio do real, do entorpecimento generalizado das existências individuais. Em todos os locais em que as forças coletivas atuam, a atmosfera do sagrado marca a sua presença. Em Jerusalém e em Cabul, no fatídico Onze de Setembro; diante das sequelas do furacão Katrina ou após o terremoto no Haiti e no Henan, assim como no *tsunami* do Sudeste asiático; até mesmo no norte do Congo, em meio aos massacres que continuam dizimando a população do centro da África. Esse é o outro nome da identidade, ou da diferenciação. É a resposta para os que julgavam que o cartão de crédito pudesse substituir a carteira de identidade. É o que põe fim àquele gênero de *apartheid* entre os de mesma espécie, ou seja, a separação forçada das populações que têm em comum um mesmo Deus, uma mesma fé ou uma mesma terra.

A cultura-mundo emprega todas as suas forças para suprimir todas as ocasiões de contentamento e autoestima. O resultado mais palpável dessa evolução, e mesmo da vontade de dar acesso à cultura a todos, é uma expropriação. Nos domínios em que os pobres eram pobres apenas em relação ao dinheiro, mas possuíam uma cultura original e forte e podiam viver com certa suficiência e mesmo com riqueza moral e psicológica, nos domínios em que o dinheiro tinha um papel secundário, a entrada da cultura no mercado os expropriou, assim como a globalização e o alinhamento presumido ou obrigatório com os símbolos da pertença mundial à economia de mercado, de um ou de outro modo, lhes surripiaram muitas singularidades deliciosas, particularidades às vezes minúsculas que os situavam fora do contexto das leis do mercado e bem acima das triviais cogitações em torno de preços. Felizmente, cá e lá, nos recantos mais inesperados, ainda sobrevivem homens e mulheres que conservaram lembrança do que significam expressões como cultura francesa, cultura republicana, cultura cristã.

Claude Lévi-Strauss fazia notar que bárbaros são unicamente aqueles que consideram os outros como tais. À luz desse critério, sabemos, por acaso, que nova espécie de bárbaros apresentáveis fazemos germinar? Será que temos noção do gênero de bárbaros que vão sendo incubados nas escolas, nos liceus e nos colégios, nas universidades, nas quais já não se sabe falar francês (afinal, falar bem o francês já não seria cultivar uma forma de discriminação?). Nós nos associamos à guerra contra o Terror [da Revolução Francesa]. A cada dia, denunciamos horrendos pedófilos, perigosos racistas, mais extremistas, novos cúmplices do comunismo. Classificamos, em listas, palavras, autores, livros, afirmações, opiniões, ideias. Por pouco não catalogamos nossos antepassados mais próximos – apesar de brancos, homens e cristãos – no rol de bárbaros, por causa de duas Guerras Mundiais, e, remontando a séculos mais distantes, todos os que os precederam. No entanto, com uma irreflexão notória, entre risos e cochichos, somos nós os reais continuadores dos que pilharam o Palácio de Verão, assim como de seus comparsas, soldados franceses. Eis o resultado da guerra constante contra a história, a geografia e, mais do que isso, os povos do mundo – negação das singularidades, em prol da uniformização ao estilo *Kulturmonde*.

Nossa nova barbárie é a da conformidade, da sujeição à norma e ao direito, como também da indiferença. A cada dia, uma língua desaparece. Restringe-se cada vez mais o espaço das comunidades humanas, que são tomadas de assalto pelos evangelistas e negociantes chineses. Dia após dia, formas sociais milenares, com todo o seu arcabouço de crenças, ritos e costumes, vão sendo desestabilizadas, esfaceladas e deglutidas pela maré das representações da técnica e do modelo ocidental. Não é por acaso que o imenso campo aberto pelos etnólogos continue tão pouco explorado pela filosofia e pela ciência política. Será que, de fato, os conhecimentos e tradições dos astecas se reduziam aos sacrifícios humanos? Os ibans não serão capazes de mais nada além da arte da zarabatana? As bárbaras iniciações dos jovens indianos nada têm a nos dizer sobre o gênero humano – a nós, não menos bárbaros? Quem é capaz de acreditar que os relatos fantasiosos – ou velharias – contidos na Bíblia, no Alcorão e no Evangelho ainda possam comunicar algo ao homem atual, recriado pelo mundo da cultura? Certamente se acham em vias de extinção, e a ignorância, em vias de desenvolvimento. Mais ainda, barbárie embrionária daqueles que jogam a história e as diferenciações na vala comum das insignificâncias, que imaginam que a imensa diversidade das experiências humanas não signifique nada, e que pensam que não faltava razão ao governador inglês da Índia, quando, escandalizado com o sistema de castas, exclamou: "Que coisa horrível!".

Com todas as honras de praxe, é precisamente a desaparição da história como atualidade e lição para o futuro que presenciamos. Permanece como dever de memória, claro. Quando há vítimas com herdeiros vivos, quando se vislumbram prejuízos, interesses e possíveis restituições em questão. Quanto ao mais... Essa desaparição das obras de arte ameaçadas é uma tarefa que se executa sem olhar para trás, geralmente sem um pingo de remorso, em nome da universalidade dos princípios europeus e da superioridade manifesta do Ocidente, como também do respeito proclamado pelas minorias – algo que não consegue dissimular um interesse cada vez menor pelas sociedades, pelos costumes, pelas regras de conduta que não são as nossas. Quando se trata de preservar estruturas que proporcionam a cada indivíduo um papel (ainda que modesto) efetivo, e reconhecido como tal, no âmbito da sociedade; de conservar ritos que fazem de cada pessoa um membro igual aos outros na comunidade; ou de formas de sociabilidade e religiosidade mediante as quais cada grupo social intenta munir-se contra as investidas do cinismo, do descompasso e da desordem – tudo isso, enfim, é sumariamente visto como perdas e ganhos da individualização e da modernização, como se a realização pessoal, a felicidade individual e o progresso coletivo constituíssem um apanágio nosso! Talvez, inconsciência de nossa parte – sobretudo, jactância e pretensão desmedida. Ausência total de consideração por aquilo que é verdadeiramente outro em face de nós; por tudo aquilo que foge aos padrões consagrados; por tudo que escandaliza, e que ostenta um caráter típico irredutível; por tudo aquilo que mereceria ser objeto de estudo, análise e preservação, com sinal de respeito pelas mais características manifestações do gênero humano! As castas da Índia, as cerimônias de iniciação na África ou na América Latina, não em grau menor do que os ritos católicos ou ortodoxos, a vida monástica ou a dos judeus hassídicos, os pescadores vezos malgaxes ou os bugis, nômades dos mares da Indonésia, tanto quanto os fazendeiros de Aubrac ou os criadores de animais de Wyoming, são obras de arte vivas, transmitem inestimáveis tesouros de inventos e estilos de adaptação humana, e o contato respeitoso com esses povos é uma experiência que contém mais saber verdadeiro do que todos os museus de arte primitiva do mundo, que não titubeiam em ultrajar a memória dos mortos e a magia das máscaras mortuárias.

A cultura-mundo acelerou a pulverização das fronteiras, das instituições e das autoridades. Não foi diferente o que fez com os dogmas. E dispõe de todos os recursos para criar conflitos insanáveis, violências impunes, uma vez que os autores dos delitos não podem ser apanhados, nem jamais os confessarão ou reivindicarão os seus feitos. Está próximo o dia em que cada um poderá avaliar, em toda a sua extensão, que o exercício dos direitos humanos, da não discriminação e da igualdade entre os sexos é extremamente difícil de atingir. Do mesmo modo, todos verificarão que muito raramente esses itens aparecem associados e que, quando isso acontece, é à custa de um esforço coletivo, de um capital estrutural e de uma moral coletiva e individual, esteada por instituições dignas de apreço. Mais próximos ainda nos encontramos de perceber que esses itens são reversíveis, mesmo nas situações em que nos pareciam consolidados, expostos a um retrocesso civilizacional, que leva junto toda sociedade incapaz de medir quanto deve a esse passado. O retorno da escravidão, da violência nas relações sociais e humanas, assim como a reinstalação das manifestações selvagens do poder apoiado na riqueza ou na força, farão que a humanidade percorra as sendas da retificação histórica, quando se derem conta de que os caminhos traçados olvidaram o essencial. Estamos na época da violência sem razão de ser, das guerras sem exércitos e dos conflitos sem fronteiras. As tensões que se manifestam contrapõem grupos que não sabem controlá-las, porque há muito consideram que não existe mais legitimação para empreender guerras ou conflitos, pois foram moldados para considerar ilegítima toda violência e porque toda experiência humana ficou restrita ao supostamente racional, à organização ou ao entretenimento banal. Se a cultura-mundo é mesmo o espaço vazio almejado pelo liberalismo, em que toda espécie de julgamento, toda afirmação, toda singularidade foram excluídos, então constitui o lugar que torna tudo possível (o que sempre concorrerá para transformar em realidade a pior das hipóteses). A perda das balizas e das estruturas, que caracteriza a maior parte dos europeus, já vai causando devastações nessa deriva rumo à violência. No fundo, esse estado de espírito libera de todas as obrigações, de todos os cerceamentos, restando somente como barreiras a sede de riquezas e a sede por prazer, numa intensidade jamais vista. Nesse contexto, as guerras que advirão não serão provenientes de nenhuma instituição, de nenhuma força constituída à maneira de nação, reino ou império, nem nos moldes das antigas investidas religiosas ou das seitas. Tampouco assumirão o aspecto de guerras nacionais ou de guerras civis. Nem por isso, contudo, serão menos matéria de expiação.

Eis o ponto crucial. A envergadura da cultura-mundo e a recusa dos limites que engendra, assim como o desarmamento das culturas locais, regionais e nacionais, longe de garantir a paz, fazem parte do mesmo processo de violência generalizada, tanto mais terrível porque não terá batalhões, estrutura militar e objetivos de guerra e porque, sem honra e sem fidelidade, será mais o entrechoque de emoções, compaixões, opiniões, do que o embate de interesses contrariados ou um meio de obter justas reivindicações. O mesmo impulso que universaliza o contrato, o mercado e o valor das mercadorias desencadeará a guerra de todos contra todos, após haver transformado a existência em um objeto de contrato.

3 – As delícias da *self-culture*

A acusação é fácil e repetida. Não poupa as artimanhas da nostalgia, nem a vertigem que todo começo provoca naqueles que estão longe da origem. É fácil multiplicar as oposições entre aquilo que eram as culturas verdadeiras e o que é a cultura-mundo, entendida como uma distorção, uma máscara, uma superficialidade. Essas oposições não são meras figuras de retórica. Até mesmo os vínculos com o sagrado, com a transcendência, são atingidos no âmago mesmo do que se imaginava ser a sua capacidade de superação de si e dos vestígios de heteronomia atuantes nas sociedades liberais (bem pouco liberais, na realidade).

No entanto, uma pergunta se impõe: o que dizer, na hipótese de que as suas virtudes tenham sido exatamente essas? O que alegar no caso (figurativo) de ser a cultura-mundo (até por suas singularidades) propriamente o que convinha difundir? Particularmente para velar as miseráveis condições da vida humana, amenizando as penosas convulsões do medo, da brevidade e da aspereza do existir, ou seja, daquilo que Hobbes descrevia como estando na origem dos regimes políticos que conhecia? E se o desenraizamento cultural, observado em todos os locais e com frequência objeto de críticas, tiver sido uma necessidade vital para que algo de novo se produzisse? E se a cultura-mundo for o lugar onde se arquiteta o regime político das existências libertas do medo de ser, do medo dos outros e dessa segurança que provém da heterogeneidade? Perguntas inúteis? Talvez. Ou podem ser essenciais. Isso na eventualidade de que a cultura-mundo tenha tido todo empenho em instaurar uma nova espécie de humanidade, por meio de uma nova correlação entre o real e os outros, graças a um novo regime político, em cujo cerne a homogeneização das ideias e a saturação dos sonhos haja podido assegurar a pacificação entre indivíduos que só se cruzam por razões específicas, tais como questões amorosas, de produção, entretenimento etc. Assim sendo, até se compreenderia que as grandes obras e ideias perturbadoras da admirável atmosfera de paz e concórdia universais devessem ser banidas. Nesse diapasão, quem se queixaria do suave entorpecimento que, em escala mundial, lhe foi oferecido em abundância?

O êxito, a bem dizer, é tanto mais surpreendente quanto menos espalhafatoso se mostra. Inscreve-se no encaminhamento tortuoso e dissimulado da sociedade liberal, arrastada pelo turbilhão do irrestrito individualismo. O instinto é capaz de fazer aquilo que a autoridade não consegue. O interesse individual comanda os atos humanos como nenhuma outra organização social teria condições de operar. A adesão orienta a coerção. A idealização, mediante a configuração de um desejo universal, cria um ordenamento dos costumes, das formas de comportamento e das preferências que nenhum projeto ainda é capaz de justificar, e que se satisfaz com uma simples infraestrutura, para efeito de se espraiar sem polêmicas, sem escolha e sem palavra de ordem. A ideologia do interesse individual e dos direitos humanos é de tal modo consensual que se torna, por assim dizer, invisível, dando margem a que cada um pontifique sobre a desaparição das ideologias. A política soube interpretá-la a contento, organizando o Estado e a administração sob a forma de infraestrutura dos interesses individuais, pacificadora e facilitadora, efetivando uma prática econômica de poder e de responsabilidade inéditas. Tudo sob a condição de não ser perceptível, sobretudo procurando fazer crer que seria uma resposta à comoção suscitada, à insustentável demanda da opinião pública. Até o mito do bom selvagem – representado pelos estrangeiros sem documentos, mas não sem assistência – torna cego o naufrágio da classe média. Os dramas longínquos assistidos pela mão provocam maior compaixão que a infelicidade cotidiana dos vizinhos. É o milagre da cultura, se assim preferirmos. Mais provavelmente, milagre--mistificação de uma técnica de isolamento e de espairecimento que forja a indiferença, sob o manto da compaixão, e que recria a distância sob o discurso da solidariedade humana; técnica do espetáculo, que subtrai cada um de sua própria vida, a ponto de fazer com que o ideal moderno possa ser sintetizado nessas expressivas palavras de Chateaubriand: "Felizes são aqueles que não viram a própria vida passar". Dito de outra forma, a cultura--mundo é um caso de inconsciência, e de inconsciência construída; caso de renúncia e, portanto, de privações. E, por isso mesmo, caso de reconquista, de elucubração inventiva de si, matéria relativa ao desenvolvimento do ser, no interior de cada um e em face dos demais.

Entre o sonho da volta e a vertigem da barbárie, vale a pena nos determos numa outra perspectiva da cultura-mundo, como incubadora de um regime político inédito que seria o fruto dessa forma de ligação com o verdadeiro, o justo, o belo, sob os antolhos do crescimento, do enriquecimento e do controle sobre a natureza. Deve ser matéria de arrependimento o fato de a miséria haver sugerido aos homens a utilização de recursos para silenciar os clamores do medo, do sofrimento ou a infelicidade de vidas sem destino, sem harmonia e sem longevidade? De fato, a cultura de si pode representar o anúncio de um novo regime político, o qual já seria um regime de verdade intentando encontrar um lugar ao sol e um meio de expressão cabível. O axioma liberal poderia ser formulado assim: todo homem, toda mulher, consagrado à busca de seus interesses individuais, na sujeição estrita às leis, possui o seu lugar no vasto panorama do mundo. Essa sentença (na aparência irretorquível) é propriamente uma petição de princípio: o sistema atua de tal forma que cada qual se vê reduzido a um papel unicamente econômico, o de produtor-consumidor.

A cultura globalizada tornou-se instrumento de algo inominado e que poderíamos designar como sendo a sociedade política pós-democrática. É representada pela irrupção do indivíduo – daquilo que se denomina como tal –, bem como pela confiança absoluta na instituição do mercado, entendido como sistema universal que proporciona paz e relações humanas cordiais. Isso porque, malgrado a surpresa ou o desconcerto que a afirmação possa causar, não há cultura que dispense a política. Nesse sentido, cumpre ver a cultura da internet, assim como a cultura individual e a cultura da liberação, como outros tantos modelos de economia política. Em outros termos, atalhos (invisíveis a olho nu) que prescindem do debate ideológico, da arquitetura de princípios, da elaboração política, constituindo outra maneira de exercer um papel político. Efetivamente, a cultura-mundo realiza uma economia política especial, de extraordinária eficácia e suma discrição – sem dúvida, eficaz porque discreta. A sua atuação se opera fora do campo de consciência da maioria daqueles que caem sob esse jugo, sendo por isso mesmo um estratagema de interesse capital.

Nós vivemos um momento muito particular do projeto liberal, que encontrou sua expressão plena no século XIX. Universalização do pensamento como ação, tal como se dá com a prática da antinomia, da antítese e dos contornos que delimitam o pensamento europeu, muito distante, por exemplo, de quaisquer outros parâmetros, como seria o de um pensamento de continuidade ao modo chinês. Um novo entrosamento entre paixão e interesse, em nome da febre pelo interesse econômico, tido como o único dotado de excelência, digno de expressão e veneração. Dissociação do indivíduo em face da coletividade – justamente aquilo que o constitui e efetiva os direitos de que se vale. E, sobretudo, concentração da cultura em tudo aquilo que favorece a atividade, é capaz de sustentá-la, protegê-la, desenvolvê-la. O mundo é convocado para prestar contas de sua produtividade. Nada fica a salvo dessa sanha avassaladora: terra, vegetal, animal, tudo que vive, move-se, cresce, respira, neste mundo, é chamado ao tribunal do utilitarismo econômico. Tudo será pesado, medido e julgado. E a cultura se transforma naquilo que faz recrudescer o progresso econômico. Calmantes, um pouco de álcool e entretenimento – a cultura faz a sua parte no abrandamento das cruzes e dos dissabores de um mundo tão hostil... Deixemo-nos embalar, logo cedo, por uma narrativa alegre e os minutos no trem ou no ônibus nos parecerão mais curtos. Folhear, durante o almoço, um álbum de viagem dá-nos alguma forma de alívio, pois emerge daí que qualquer coisa é possível em qualquer recanto da Terra. São recursos que tornam a condição do homem urbano suportável, que dão ao assalariado a dignidade de um exílio interior e de uma fuga possível, que, evidentemente, tanto quanto possível, são proibidos, embora a cultura lhe propicie a representação. E assistir a um filme de ação, sem interrupções e sem pausas, não significa viver (ainda que por procuração) o papel de um herói, de um santo ou de um grande líder que jamais seremos e para os quais não existe mais espaço, a não ser nos cemitérios?

No final desse movimento, virá a atmosfera de paz de um amanhã enormemente festivo. No final desse movimento, a expansão irrefreável do consentimento pelo cansaço da diferenciação, da incapacidade de protestar e de tentar se distinguir. No final de tudo, o desarmamento de toda particularidade que ousaria ultrapassar o interesse individual, como de toda crença que não possa ser diluída pelas virtudes do mercado. Para outros, seria a própria definição do bom-senso (ainda que sob a forma de um desolador comodismo). Uma fonte de prenúncios sinistros, somente no entender de uma longa série de difamadores da monumental sociedade de consumo da sociedade do vazio, do insosso capitalismo de mercado. Seja como for, algo que conseguiu o espantoso prodígio de durar, propagar-se e de resistir a todos os embates que as crises das nações, internas ou externas, fizeram-lhe enfrentar.

A questão é que a extraordinária e portentosa resistência do sistema provém exatamente do ponto em que este nos pareceria mais vulnerável: a cultura-mundo é uma cultura do intimismo. Fraude, ilusão, dissimulação, como também desdobramento da cultura inacabada do individualismo. Distante da grande arte, do projeto revolucionário e do sagrado, encontra a sua perfeição na cultura do corpo e do desempenho físico, na cultura dos relacionamentos amorosos, no acesso ao prazer garantido e nos *sex toys*. E finca os seus mais sólidos alicerces no enriquecimento à margem do trabalho, por parte de todos aqueles que enfrentaram o dever da gestão moderna;

em suma, os que acumularam, aplicaram, administraram, e que esperam dos lucros e mais-valia de seu capital aquilo que os meros lucros correntes já não são capazes de lhes proporcionar. Como analisa Marcel Gauchet, a conjunção entre esses interesses e prazeres edifica uma sociedade refratária à análise dos grandes relatos, mas dotada de uma descomunal consistência, uma vez que ninguém desconhece que o interesse individual passa pelo respeito aos interesses alheios, e de um descomunal poder de atração, já que, estranhamente, mesmo os seus mais entranhados adversários têm consciência de que a possibilidade de desfrutar do prazer é maior agora do que no contexto das antigas sociedades tradicionais, as quais, não obstante, lutam para preservar.

Logicamente, a mecânica provoca vertigem. Nesse sentido, o exemplo da informação é revelador. A cultura dominante apregoa que só importa aquilo que diz respeito a cada um. Com base nesse pressuposto, como dar importância a episódios que se desenrolam a milhares de quilômetros de distância e que, nem remotamente, teriam qualquer ligação de proximidade comigo? Com um mero clique, obtém-se uma informação política, uma loja que vende roupas em promoção, uma foto da Paris Hilton ou uma perspectiva de encontro para a noite. Quem hesita em escolher? No entanto, é impossível não ver que esse procedimento (que as redes de informática tornam cada vez mais rápidos) faz com que o terreno particular ocupe o espaço do terreno público. Em outras palavras, outrora a arena dos debates políticos eram os lugares de domínio público, que agora passaram a ser subestimados, substituídos pela esfera privada, numa proporção indefinida. Com isso, pode-se debater sobre qualquer assunto, de qualquer lugar. Não se trata de algo exclusivo: há lugar para todos, o que tende a diluir a maior parte dos conflitos, tornando, ademais, as discussões inúteis ou supérfluas. Cabe imaginar que a cultura-mundo corresponde ao espaço virtual que, de forma acelerada, substitui os espaços reais limitados e raros, o que torna a política (tal qual a conhecemos e como alguns ainda a entendem) um dispêndio inútil e vão de dinheiro.

Não seriam esses os objetivos essenciais da cultura-mundo, essa demonstração, essa persuasão e essa exclusão?

CONCLUSÃO

A contradição está à vista de todos. Cultura e globalização se contrapõem, à maneira de gratuidade e comércio, artista e negociante, talento e mercado. Cultura é a designação da particularidade, da singularidade, do caráter inconfundível da obra; cultura-mundo remete à homogeneização, à mescla, à confusão. A seu modo, assemelha-se ao embuste do comerciante que, para a cultura, adota o mesmo procedimento do homem que trafica escravos, mulheres, órgãos humanos ou crianças. Todavia, nisso estamos. Compete-nos exaltar o desempenho. Em questão de anos, estará em ação um dos mais eficazes instrumentos de confisco das consciências, um substitutivo para toda forma de transcendência religiosa, ideológica ou nacional. Mais rapidamente ainda, o totalitarismo lânguido da cultura-mundo terá consumado uma eliminação única das formas sociais, das identidades e das formas históricas de consideração e valorização de si mesmo.

Mais propriamente, afirmação de outra cultura, menos da cultura-mundo que da cultura da destruição do mundo enquanto tal da heterogeneidade, da multiplicidade, enquanto permanente matéria-prima para a admiração; destruição do indivíduo na qualidade de ser único e inconfundível, como também de alteridade indevassável ou recusa da homogeneização compulsória. Sob o disfarce do cosmopolitismo dominante, é o projeto implícito do totalitarismo que se difunde. O cosmopolitismo assegura o "rapto" do indivíduo – despojado de tudo aquilo que o constituía como indivíduo – pela proclamada ideologia liberal. Na verdade, essa operação furtiva é dirigida por interesses geopolíticos muito bem conhecidos, ao bel-prazer das potências difusoras dos sistemas de vida, representação social e códigos da modernidade em vigor. Nove bilhões de indivíduos muito semelhantes, persuadidos da própria individualidade, incitados a fazer valer os seus direitos, convencidos de que se tornarão livres, à custa de escapar de todos os imperativos, rejeitando as origens, atraídos pela nova ordem econômica, que termina por embaralhar, em suas mentes, as noções de produtor e consumidor, na mesma geleia global. Nove bilhões de indivíduos conformados e "processados" pelo torrencial volume de informações, de símbolos e de experiências, vivendo uma condição inédita que, na falta de outra palavra mais adequada, nos habituamos a designar como humana. Aliciante, mas de durabilidade escassa, tal perspectiva, ou seja, a conquista, pelo poder do mercado, de tudo aquilo que as culturas, civilizações, fronteiras e comunidades puderam arrebatar, e que até aqui haviam sido preservadas. Esses humanoides assim "formatados" fazem girar as máquinas publicitárias do crescimento ilimitado, mobilizando-se sem quartel e sem medida, supostamente para o próprio benefício, quando, de fato, a sua exclusiva razão de ser reside em prestar contribuição para o aumento das riquezas. Tais existências minúsculas encontram como única justificativa o valor acumulado, constituindo-se esses pobres indivíduos nos primeiros seres vivos que fazem do aumento das riquezas o seu balão de oxigênio, e do trabalho, o sopro de respiração. À maneira do asno que faz girar a roda ou do escravo com os olhos furados que faz girar o moinho das vilas romanas, perseguem a meta sem ouvir a cantiga de roda de alguns outros que, ciosos de sua cultura, cavaram um fosso, separando-os dos tais homúnculos, que, perdendo a oportunidade de se tornarem autênticos seres humanos, abdicaram de sua personalidade independente... Provavelmente, numa imperdoável ilusão, ainda creem que, ao término do invisível trajeto percorrido, verão as correntes de escravo cair junto aos seus pés. Com a roda parada, a corrida festiva recomeçará. Com certeza, esperam – mesmo sem acreditar muito – que um belo dia algo de novo realmente acontecerá, como sangue, triunfo ou morte – com a imensa paz que todo começo espalha sobre qualquer coisa.

Discussão

Pierre-Henri Tavoillot – *Nessa cultura-mundo, analisada por vocês, há uma profunda ambivalência. De um lado, um incontestável movimento de emancipação; de outro, um enorme poder de destruição. Quando lemos ambos os textos, ficamos com a impressão de que, se estão de acordo com essa ambivalência, os senhores discordam quanto à conclusão e à interpretação que lhes convêm. Será que se trata unicamente de uma divisão entre um otimista e um pessimista?*

Gilles Lipovetsky

A meu ver, nossas divergências sobre a interpretação da cultura-mundo incidem sobre cinco questões fundamentais. Para fixar com precisão, muito esquematicamente, o que nos separa, eu diria que Hervé Juvin expõe uma visão pessimista, nostálgica, trágica, unilateral da cultura-mundo. Sob a minha ótica, ao contrário, prepondera uma interpretação mais aberta, multifacetada, ambivalente. Nessa cultura, Juvin vê um processo arrogante de dominação ocidental, que asfixiaria as identidades e a riqueza do mundo, eliminando a criatividade e, simultaneamente, a singularidade de cada indivíduo. Em meu entender, essa cultura pode abrir caminho tanto para o crescimento das oportunidades como para o aumento do desamparo, das desigualdades e das ameaças para o mundo. Juvin ressalta o poder irresistível de um rolo compressor, ao passo que eu ponho em evidência as tensões e oposições referentes a lógicas diversas.

1 – Hervé apresenta a cultura-mundo como uma fraude, uma ilusão, no sentido de que atuaria como disfarce para a introdução no mundo de um totalitarismo economicista. Para ele, essa neocultura simplesmente exprimiria a hegemonia do capitalismo. Semelhante reducionismo não me parece bem fundamentado. Embora, sem dúvida, esteja em curso uma expansão universal da cultura de mercado, observa-se, ao mesmo tempo, uma dinâmica de universalização, capitaneada pela cultura democrática do indivíduo. O engano consiste em circunscrevê-la aos critérios dos interesses materialistas. A cultura individualista não é um simulacro, uma superestrutura sem eficácia, uma simples representação a serviço da nova economia-mundo. É, na realidade, uma incomparável mola propulsora da transformação social, cultural e individual. Em boa medida, essa cultura individualista ocasionou a implosão dos sistemas de valores tradicionalistas e alterou, de alto a baixo, nossas relações com as instituições, como religião, família, política, moral, autoridade e identidades de gênero. Quanto àquilo que somos hoje, assim como em relação àquilo que amanhã poderemos ser, devemos tanto ao poder do mercado e da técnica como à cultura in-dividualista, que exalta a autonomia individual e impede a força coercitiva das imposições coletivas. E agora, por toda a extensão da Terra, é fácil atestar a realidade do trabalho social ganhando terreno. Não nos compete recompor o princípio da individualidade com base no princípio econômico. É errado supor que o primeiro seja uma aparência enganadora para ocultar o segundo, que constituiria a única verdadeira cultura de nosso tempo – a saber, gestão financeira, conquista dos mercados, concorrência. Há um equívoco na afirmação de que o único grande sistema contemporâneo de legitimação seria o econômico. Em toda parte, a razão econômica está sendo colocada no banco dos réus e combatida, pondo-se em relevo outro sistema de legitimação, não menos entranhado no mundo moderno democrático: o do indivíduo e de seus correlatos direitos à liberdade e à igualdade. Não há como sustentar a tese de que a racionalização econômica teria levado ao desaparecimento das injunções de ordem moral e política.

Por essa mesma razão, eu não subscreveria a afirmação que equipara a hipercultura contemporânea à "barbárie" ou a uma espécie de "totalitarismo indolente". Cumpre destacar: a cultura-mundo não é um sistema homogêneo. Constitui-se de critérios lógicos diversos, heterogêneos, que podem entrecruzar-se, reforçar-se, sobrepondo-se, ou chocar-se mutuamente, entrando em conflito. Essas dissociações estruturais demonstram que a cultura-mundo está longe de ser um sistema único, totalitário, niilista, exclusivamente voltado para satisfazer a obsessão pela eficácia e pela racionalização instrumental do lucro. Embora os homens denunciem a violência da cultura hipermoderna, inegavelmente é esta que lhes fornece os instrumentos para a crítica. A cultura-mundo não se restringe, pois, a fabricar produtos que "aliviam a consciência", nem a uma "bolha de positividade". Ela também fornece os princípios "negativos" de suas críticas e retificações.

2 – Inegavelmente, a cultura-mundo não pode ser dissociada do projeto de uma uniformização em escala universal. Quanto a esse ponto, estamos de acordo. Contudo, mesmo nesse particular, seria preciso avaliar em que medida e extensão isso acontece. O simples fato de atestarmos essa dinâmica não equivale a dizer que o mundo inteiro se tenha curvado às exigências da mesmice, do sempre mais parecido, da indiscriminada homogeneização. Os modos de vida pelo mundo se aproximam, mas as particularidades e heterogeneidades dos comportamentos individuais se acentuam, justamente em razão do recuo dos enquadramentos em modelos coletivos. É o que acontece, por exemplo, com a condição feminina, que assume feições diversas, num ritmo veloz, o que possibilita iniciativas pessoais cada vez mais abertas e imprevisíveis. Claro, nada disso constitui obstáculo decisivo ou impeditivo para a homogeneização. Em todo caso, há cada vez mais escolhas, opções para a vida privada, fartas dissonâncias entre as preferências individuais. Não é verdade que o indivíduo esteja se fundindo numa massa informe e homogênea. Na verdade, o seu perfil se amolda a este ou àquele modelo de consumo, forjando depois um amálgama, conforme os seus "arranjos" pessoais. Não haverá "nove bilhões de indivíduos em tudo semelhantes". A matéria-prima é distinta, as combinações obedecem a idiossincrasias inimagináveis, nessa época em que a força das tradições e as culturas de classe estão em baixa. Os objetos e as informações podem ser os mesmos; entretanto, a utilização que cada um pode fazer desses instrumentos oscila ao infinito. Em suma, nessa escalada, o Mesmo ombreia com o Múltiplo. Conforme já escrevia Tarde, a diversidade no espaço foi substituída pela diversidade no tempo. E isso recrudesce, dia após dia, numa época entregue

à inovação, à diversificação da oferta, aos modismos generalizados. Não somos mais ameaçados pela monotonia, mas, sim, pelo hiper, pelo excesso, pela superabundância dos modos de ser mais variados. Embora, na prática, os mesmos produtos, marcas, programas de TV e projetos de urbanização se espalhem pelo mundo, o que prepondera é uma economia de inovação e de diversidade. Terão desaparecido as particularidades das obras de arte? Isso seria esquecer que as indústrias culturais oferecem como nunca novidades e produtos que, embora não sejam obras-primas insuperáveis, nem por isso parecem destituídos de originalidade.

Também devemos ter presente o seguinte: conquanto a cultura-mundo introduza a igualdade em alguns aspectos da vida, não estamos nem um pouco a caminho de forjar uma uniformização universal. De fato, a própria cultura-mundo não cessa de aprofundar as desigualdades sociais e econômicas entre indivíduos e nações. Aliás, precisamente quando vemos aflorar variedades consideráveis de riquezas e condições de vida, não faria sentido temer a eventual imposição de um Modelo Único para o futuro.

3 – Hervé Juvin propõe uma leitura interpretativa pessimista, de cunho catastrofista e angustiado, da globalização. Em sua perspectiva, esta não faria senão preparar o desencadeamento de uma guerra de todos contra todos. Em sua perspectiva, a realidade é girardiana: as rivalidades, os mimetismos destrutivos, os ressentimentos em face dos mais bem providos, tudo isso se exacerbaria à medida que as diferenças fossem sendo reduzidas, no interior de sociedades incapazes de satisfazer aos ilimitados desejos que suscitam entre todos. Semelhante frustração generalizada daria origem a imensos conflitos. Em suma, ele prenuncia o retorno da força bruta mais ou menos em todos os domínios. Esse seria o preço aterrador de uma cultura que universaliza o mercado e o contrato. Em abono dessa tese, não faltariam indícios: explosão dos contingentes carcerários, proliferação das milícias particulares e de gangues, zonas delimitadas de segurança e seguranças particulares, ímpeto avassalador da criminalidade organizada e exacerbação da violência, em grande escala, contra populações civis. Apesar disso – cabe-me retrucar –, nem sempre sucede o pior. Não me parece que o desenrolar das relações internacionais, no período mais recente, deva, necessariamente, ser interpretado à luz do prisma girardiano. Nada indica que as semelhanças cada vez maiores entre as nações venham a incrementar a mútua hostilidade entre países. Os sinais parecem até apontar para a direção oposta. Parece pouco

provável que as atuais convergências se degenerem em conflagrações armadas em escala universal. Mesmo sendo impossível imaginar que as rivalidades entre nações venham a desaparecer da noite para o dia, tais confrontações podem facilmente se expressar de outras formas que em nada digam respeito à guerra, por exemplo, a concorrência econômica. Não custa lembrar que, desde a Segunda Guerra Mundial, as grandes potências não ingressam numa conflagração bélica. Embora os Estados democráticos tenham rivalidades entre si, não se consideram como inimigos a serem destruídos ou anexados à força. Na época do capitalismo globalizado, as divergências entre nações democráticas deixaram de ser regidas pela via das armas, prevalecendo a ênfase nas negociações e nos compromissos, bem como no recurso às regulamentações e às instituições internacionais. A primeira globalização inventou a guerra total e gerou dois conflitos mundiais; a segunda globalização coincide, aliás, com um processo de pacificação das relações internacionais e, mais exatamente, com uma ampliação do espaço de paz democrática. Num mundo dominado pelo referencial do mercado, do consumo e da felicidade particular, a guerra e a correlata cultura de exaltação heroica deixaram de figurar no panteão dos valores supremos, cessando de constituir uma razão de viver, um escopo de vida para indivíduos e coletividades. O momento presente é bem mais voltado para a disputa em torno do crescimento e do lucro do que pelo recurso às armas. Por esse conjunto de fatores, a cultura-mundo desponta como sendo esse processo civilizador, próprio a desqualificar e alijar o apelo à força armada. Não creio que a nossa época corresponda ao "tempo das violências sem limites".

Não significa, de modo algum, que estaríamos ao abrigo de todos os conflitos, num mundo de paz generalizada e universal. Surgem novas formas violentas de conflito, que podem facilmente ampliar-se. Em particular, é o caso do terrorismo transnacional. Hoje, as ameaças que pairam sobre nós não provêm de nações hostis, e sim de grupos incrustados no Estado, redes descentralizadas de violência, que atuam sem levar em conta fronteiras nacionais, arregimentando indivíduos e não mais exércitos regulares de países. No momento, esse terrorismo transnacional é sobretudo islâmico, mas é plausível conceber que, no futuro, outras ideologias venham a cultivar a mesma sanha niilista destruidora. Torna-se, entretanto, impossível formular uma previsão acerca da intensidade da violência que poderia entrar em cena a partir do instante em que as novas tecnologias tiverem aberto o caminho para a eclosão de catástrofes em altíssima escala. Infelizmente, poderíamos pensar que, num universo quase sem instâncias intermediárias, mergulhado na incerteza e na individualização, se encontre terreno fértil para um ímpeto de disseminação de extremismos, fanatismos, furores sanguinários que, embora distintos das guerras clássicas do passado ou da referida "explosão da violência generalizada", bem poderiam propagar o terror nas democracias liberais. Nesse sentido, o risco mais imediato não tenderia a ser de uma guerra de todos contra todos, mas a violência das pequenas minorias e o temor da maioria.

Não há nenhum determinismo histórico que faria o mundo caminhar irresistivelmente na direção de uma violência insana e desmedida no contexto da sociedade civil hipermoderna. O risco existe: ele não é fatal. Delineia-se no horizonte a disparidade (em termos geográficos) da violência, maior ou menor, aqui e ali. Nada faz supor que isso se difunda de forma idêntica pelo mundo. A meu ver, as políticas em matéria de educação, segurança e emprego, assim como o combate às desigualdades sociais, tendem a desempenhar papel relevante, opondo um dique aos cenários do gênero *Mad Max*.

4 – Na concepção de Hervé, a cultura-mundo teria um caráter desagregador, esbulhador de direitos, "destruidor do mundo", da identidade, da autenticidade, e da cultura artística e literária. Constituiria um prolongamento do mesmo furor que intenta submergir as etnias no Ocidente, extinguindo a cultura universal, triturando homens e culturas. A descrição corresponde a uma hecatombe generalizada. É indiscutível que essa dimensão "exterminadora" existe e põe em risco não apenas a existência das gerações futuras, como também o vínculo social e o enraizar cultural dos indivíduos. Todavia, importa não perder de vista que, no mesmo diapasão, a cultura globalizada abre caminho para possibilidades inéditas, propiciando novas formas de vida, novas formas de identificação social e de pertencimento coletivas. Ao longo da exposição de Hervé, identifica-se algo que facilmente traz à memória as clássicas denúncias de alienação, uma prevenção ou ojeriza à modernidade ocidental humanista e capitalista. Esta costuma ser alvo de todas as acusações e responsabilizada por todos os males – isto é, pela derrocada da civilização, pela negação da condição humana, pelo colonialismo, pelo racismo e pelo totalitarismo, pelos genocídios e etnicídios, pela devastação da Terra. Desse modo, Hervé inscreve-se na mesma linha de pensamento de filósofos do gênero de Heidegger, Lévi-Strauss, Jaulin. Não é sob esse prisma que vejo a cultura-mundo. Esta, em meu entender, não se reduz à força propulsora

(niilista e desumana) que conduz à extirpação, à eliminação, ao esbulho possessório. Basta recordar que o desaparecimento das identidades coletivas à moda antiga caminha lado a lado com o desenvolvimento de identidades reflexivas, complexas e recompostas pelos moldes da individualização. Se, de um lado, há evidente sensação de desamparo social, de outro, não é menos certo que emergem novas formas de vínculos e redes entre grupos, introduzindo-se, simultaneamente, novas figuras comunitárias (virtuais ou concernentes a diásporas e entrelaçamentos associativos diversos). A cultura-mundo representa a compressão do tempo e do espaço, mas o seu eixo central é, sem nenhuma dúvida, o presente. Não suprime a dimensão do passado (haja vista a reativação das identidades culturais e do religioso, a proliferação do gênero memorial), nem o futuro (haja vista as formas de sensibilidade vigentes e a cultura ecológica). Menos ainda, suprime as noções de territorialidade, nação e línguas. Nada, efetivamente, desaparece por completo. Tudo é objeto de transformação, de reciclagem e readaptação a novos contextos. No *maelström* da cultura-mundo, descortinam-se diversas potencialidades (educação, saber, criatividade, saúde...) que lutam, de igual para igual, com o potencial de destruição. As novas formas de organizar o mundo e as novas maneiras de vida, claro, são geradoras de miséria, frustração, desigualdades, isolamento e medo. Contudo, fomentam também o melhor viver e a autonomia individual. Não assistimos aos funerais da sociabilidade, dos ideais morais ou da cultura amorosa: a tela de computador e a de TV impedem que grasse uma espécie de versão ocidental do velho niilismo ocidental. A cultura-mundo é mais propriamente constituída pela pluralidade das interações culturais, pelas novas possibilidades de existência e pela reinvenção globalizada das diferenças do que pela imposição totalitária de um só modelo a todo o universo. Mesmo reconhecendo que, nas três últimas décadas, as diferenças de fortuna e lucros recrudesceram enormemente, também é inegável que a universalização do capitalismo foi capaz de reduzir as desigualdades entre nações, permitindo que os países mais pobres crescessem e que aproximadamente 1 bilhão de homens saísse da faixa de pobreza. A cultura-mundo liberal não se limita, portanto, a fabricar produtos que "aliviam a consciência", como também a sua esfera de atuação não se faz unicamente sob o signo da calamidade pública ou da desestruturação social, da "aparência enganadora" ou do desaparecimento da valorização humana. Ultimamente, essa cultura vem proporcionando, nos países em desenvolvimento, um aumento de oito anos na expectativa de vida. Não é pouco. Enquanto o centro de gravidade do capitalismo mundial cambaleia, desponta um universo econômico desvinculado da dominação ocidental: a China, que é atualmente a segunda economia da Terra. Graças à cultura-mundo, abrem-se novas oportunidades para os países mais pobres, que são chamados a ser protagonistas, em pé de igualdade com os ricos, de nossa história.

5 – Parece-me impróprio falar em "eliminação" da arte e da criatividade cultural, supostamente em consequência do excesso de instrumentos técnicos ou da preponderância do fator econômico, ou em razão da escassez de fé e de princípios. É lógico que, ao visitar os centros de arte contemporâneos, cada um de nós terá sentido algo disso. Contudo, o que vale para uma parcela das instalações hodiernas ou das performances, não pode ser estendido, indiscriminadamente, ao conjunto da produção criativa. Nesse sentido, é preciso dizer que a cultura-mundo não se identifica com a extinção do gênio criativo. Basta recordar, em sentido análogo, outra velha obsessão, repetida sempre à maneira de realejo: trata-se da "morte do cinema". A partir da década de 1960, todos ouvimos falar a respeito. Constitui um lugar-comum contrapor a riqueza cultural de outrora à raquítica e padronizada produção artística atual. É inegável que exista muita mediocridade pelo meio. Contudo, também se contam soberbas realizações. Muitas criações nos campos do *design*, do cinema, da publicidade, da arquitetura e da música são notáveis, mesmo com forte pressão comercial nesses campos de atividade. Do iPod à publicidade criativa, de Gehry a Foster, de Zaha Hadid a Mayne, das realizações cinematográficas de Lynch às de Tarantino, de Kaurismaki a Kitano, de Kusturica a Lars von Trier, a produção artística não decaiu. Basta comparar os anúncios publicitários da década de 1950 com os da Citroën ou da Macintosh. Circunscrever a nossa visão a certa perspectiva que só aponta o lado da "decadência", de fato, não seria justo. O hipertecnicismo e a supervalorização do fator econômico não sepultaram a arte. Para citar só um exemplo, convém lembrar que o cinema poucas vezes se mostrou tão inventivo, variado e heterogêneo quanto agora – desde que, é claro, não nos limitemos aos *blockbusters* norte-americanos. Há, sim, menor número de grandes "monumentos" e pioneirismo em matéria de estilos. Entretanto, obras "medianas" – de gênero inovador, diversificado e de certa qualidade – aparecem em maior número.

Hervé Juvin

Pessimismo? Otimismo? Não compartilho o otimismo pela instauração da cultura-mundo ou sobre essa globalização do modelo ocidental, que, por ser uma realidade, prenunciaria as piores catástrofes. Com convicção e mesmo com entusiasmo, Gilles Lipovetsky parece haver caído na armadilha: realiza-se, por fim, o sonho mítico de uma humanidade reconciliada, pelo milagre das máquinas que comunicam a longas distâncias, da panóplia tecnológica e dos direitos humanos. E – o que creio ser mais grave – parece haver sucumbido ao embuste da edificação de uma sociedade intrinsecamente superior a qualquer outra que existiu ou existirá, mundo aperfeiçoado, conduzindo também ao ápice de realização pessoal o indivíduo soberano. Considero perigosa a ideia de um modelo ocidental universalizado. Qual o real alcance de enumerar uma infinidade de realizações, instrumentos de ação, prodigiosos feitos, de nossa sociedade? Nada disso é capaz de velar a realidade das coisas. Pode até seduzir certo gosto europeu. Entretanto, os nossos contemporâneos demonstrariam maior cautela se, no lugar de deslumbramento, soubessem conservar o juízo crítico e a capacidade de alarmar-se em razão de tudo aquilo que é feito em seu nome, em seus territórios como alhures. Essa ideia de um modelo ocidental universalizado é perigosa, pois lança uma cortina de fumaça sobre a realidade, que, não obstante, é feita de conflitos de interesses, de confrontações entre potências e forças diversas, e sobre cuja identidade a cultura-mundo invariavelmente se cala. O papel de entorpecente, que bem define a cultura-mundo – análogo ao da internet –, demonstra bem que estamos em face de um embuste. De modo especial, foi a Europa vítima desse engodo. Obviamente, a força dos movimentos identitários, o retorno dos imperativos de ordem histórica e geográfica, o realinhamento das fronteiras e dos povos, tudo isso induz ao otimismo. Quanto à unificação do gênero humano, ao governo universal, e ao fim da história: já acabamos com essas bobagens que tanto mal nos fazem.

Comparando a minha posição com a de Gilles Lipovetsky, diria que nossa divergência recai mais sobre as perspectivas do que sobre a constatação do fenômeno em si. Concordamos em relação à existência da cultura-mundo, bem como sobre a origem ocidental do fenômeno, sobre os evidentes benefícios já obtidos e, em princípio, sobre a sensação de uma liberdade de escolha que jamais tivemos. Quanto às perspectivas, enquanto Gilles enxerga uma hipercultura, eu receio estarmos em presença de uma subcultura e de um subterfúgio. Enquanto ele espera o advento de um cosmopolitismo, apto a serenar os ânimos, eu temo a guerra de todos contra todos, de homens sem pontos de referência, sem fé e sem raízes, que deverá ser travada para o restabelecimento da vida em sociedade. Enquanto ele julga ver, na cultura-mundo, a consagração da esfera do sagrado, a preservação da alta cultura, eu verifico um movimento em profundidade contrário à civilização em nossas sociedades europeias, a confusão de gêneros, símbolos e valores. Temo que a aparente mobilidade dos símbolos culturais, tão incensada pela cultura-mundo, nada mais seja do que a instalação de um mercado universal de culturas, reduzidas a preços e, mais dia menos dia, liquidadas a preço vil. A cultura? Qual a cotação dessa mercadoria hoje? Nesse sentido, é altamente sugestiva a expressão *bens culturais*, porquanto põe em evidência que a cultura também foi reduzida a objeto. Creio que a economia do conhecimento corresponda à derrocada do saber e que, simultaneamente, os instrumentos incomparáveis da cultura-mundo sejam apenas a dispensa do saber, do compreender e do julgar. Ponho em dúvida a capacidade criativa de indivíduos sem origem e sem contornos definidos. E vejo, em Madagascar, na China, no Oriente Médio, a terrível violência exercida sobre as culturas que, não aceitando emoldurar-se na cultura-mundo, simplesmente desaparecem. Em nome do desenvolvimento econômico, dos direitos humanos e da liberdade de informação e religião, o modelo ocidental globalizado esmaga todas as estruturas sociais, todas as formas culturais e políticas que protegiam os indivíduos contra a interferência da coletividade. Não terá chegado o momento de nos preocuparmos também com a ecologia humana, salvaguardando os meios humanos, assim como tem sido feito com o panda ou com a garça-real?

Em Gilles Lipovetsky e muitos outros, encontramos a mesma constatação: os instrumentos da cultura-mundo estão em toda parte. Com isso, se atribui um poder jamais visto à cultura de origem ocidental, isto é, ao modelo tecnicista, individualista e prometeico, que produziu tais meios, e que se pretende universal. Ao mesmo tempo, vão-se tornando efetivos, inevitáveis, o reencontro e, às vezes, a confrontação entre culturas que nenhuma forma de separação será capaz de evitar. O levantamento dos instrumentos é impressionante. Aliás, quem poderia negar que, no momento em que um em cada dois homens pode dispor de telefone celular, algo se modifica profundamente no modo de relacionamento entre as pessoas e, podemos dizer sem medo, nas próprias condições humanas? Pensamos do mesmo modo acerca do levantamento feito, que é e não pode ser outra coisa senão sobre instrumentos. E nos distanciamos quando nos propomos a discorrer sobre os efeitos desses instrumentos e as consequências de tais efeitos. A verdade é que ignoramos tudo a respeito. Quase nada sabemos sobre a utilização que será feita desses recursos – sobre os quais ainda não exercemos pleno domínio –, o que poderá ter um efeito desconcertante para os seus inventores, propagandistas zelosos e aduladores ingênuos. A tecnologia de voz sobre o protocolo IP, que permite formas de comunicação difíceis de serem ouvidas e localizadas, foi utilizada com êxito pelos terroristas de Mumbai, em fins de 2008. A centralização do processamento de mensagens concorreu em muito para que o Irã conseguisse deter as manifestações de junho de 2009. Na China, quando se pesquisa a palavra *falungong* no Yahoo!, não se encontra nenhum resultado. Na África, certos pregadores utilizam o celular para se mostrar aos seus seguidores embasbacados e crédulos. Nos Estados Unidos, a busca cada vez maior por fontes de informações escolhidas na internet por razões religiosas ou outras formas de militância, em detrimento da procura de jornais impressos e das mídias de massa tradicionais, provoca um reforço dos extremismos e uma introversão de cada indivíduo em suas respectivas "certezas". A questão-chave não reside no fato de cada um abrir-se para o mundo: o fato capital é que o espaço público simplesmente desapareceu. São esses os motivos pelos quais considero inquietante, arriscado e "manipulador" pretender emitir uma opinião sobre a essência do tema unicamente a partir dos recursos disponíveis. Ainda é prematuro saber quais serão os efeitos da internet, do telefone via satélite ou da TV via satélite nas zonas mais afastadas da Terra. Positivamente, nada sabemos a respeito, nem quais surpresas poderão surgir. Por fim, o *New York Times* conseguiu que o sequestro de um jornalista norte-americano, feito refém no Afeganistão, não fosse divulgado, a fim de facilitar a sua libertação. Uma manipulação de pequeno porte por uma boa causa. Quantas boas causas se prestam a um sem-número de manipulações!

No intuito de aprofundar o assunto, cumpre fazer uma confissão. O conformismo benevolente, que faz da mistura dos mais diversos ingredientes a receita da modernidade, assim como de um sincretismo alegre a marca da pós-modernidade, não me convence. Michel Maffesoli afirma[1] que "a modernidade é a internet mais o vodu". Como estamos longe do mito de um Ocidente capitaneando a globalização! Também a esse respeito temo muito

---

1 In *Iconologies*, Albin Michel, 2008.

que, ao aclamar manifestações lúdicas ou espetaculares, acabemos por nos distanciar dos fatos, olvidando as graves consequências que podem decorrer das liberdades que tomamos com a esfera do real. Ninguém deve deplorar o fato de as culturas se intercomunicarem, miscigenarem-se, estabelecerem intercâmbio. Contudo, muito haveria a comentar sobre a indiferença manifestada em relação a centenas de línguas que desaparecem a cada ano, assim como em relação a dezenas de comunidades humanas que estão expostas aos pregadores evangélicos, aos mulás, aos funcionários ou aos paladinos do poder central, à CNN, que espalha as suas representações pelo mundo, sendo essas comunidades do mesmo modo alvos das investidas dos proprietários e das companhias que compraram os direitos sobre as suas terras, condenadas que estão a serem "despejadas" todo ano de suas terras, de sua fé e de sua identidade. A expressão *ecologia humana* é banida. Mais dia menos dia, haveremos de saber se o primeiro crime do desenvolvimento não terá sido a terrível destruição do patrimônio humano que, por esse meio, foi posta em prática, graças ao manifesto desprezo do direito dos homens à sua cultura, seus costumes, seu orgulho. Tudo em nome do propalado direito ao desenvolvimento, que, o mais das vezes, equivale ao "direito" de ser expropriado de suas terras, desenraizado de seus hábitos ancestrais e imerso numa proletarização crescente, em favor do comércio internacional e da "boa consciência" ocidental. Tampouco ninguém poderá negar que uma cultura totalmente isolada, incapaz de receber como de dar aos outros, é visivelmente fadada a perecer ou a tornar-se uma caricatura de si – ou seja, um corpo sem alma. No entanto, a convivência permanente, a mescla de culturas – e o Brasil fornece, provavelmente, o mais extraordinário exemplo –, tudo isso produz efeitos igualmente dramáticos. A miscigenação brasileira é feita de uma relativização permanente de cada cultura, de cada crença, de cada dependência em relação ao outro, o que restringe enormemente o exclusivismo ou a intolerância de cada um. De tanto afirmar que cada qual constitui, de certo modo, a verdade de si mesmo, nenhuma verdade subsiste para ninguém. Nesse sentido, a aproximação promíscua e cotidiana das culturas seria também a via de resolução de seu respectivo distanciamento e o modo de aplacar as oposições. Parece supérfluo assinalar que a história não convalida esse laicismo prazenteiro, o qual, à força de misturar tudo, pretende fazer com que as crenças contrárias se neutralizem. E, de fato, mesmo em nossos dias, há exemplos à saciedade que demonstram que a aproximação excessiva enraivece, exaspera e provoca uma escalada dos extremismos que o conveniente distanciamento teria evitado.

O Brasil, país onde grassa a violência, com índices de homicídio dos mais elevados do mundo e uma extinção da diversidade humana – tão preocupante quanto a extinção das espécies amazônicas, sacrificadas em prol da edificação de um gigante do agronegócio e da indústria do biocombustível –, figura como um exemplo do que deve ser evitado. A metáfora do biocombustível esclarece bem a questão: destrói-se aquilo que existe (plantas, árvores) no solo para alastrar o frenesi do movimento contínuo, suprimindo essas formas acabadas de vida, a fim de mobilizar, para outros fins, a energia ali contida. Assim como a ânsia do domínio industrial daquilo que é vivo, incontestavelmente, faz desaparecer a biodiversidade, também a cultura globalizada elimina as culturas constituídas, ao longo de múltiplas gerações, no fluxo do diálogo com a terra, com os céus e com a divindade, tendo como única justificativa incrementar o movimento!

A aversão à cultura não estará em jogo? Caso se revelasse consistente (o que ainda não é), eu seria facilmente levado a recear que a cultura planetária – de um Ocidente que se assenhoreou da globalização – venha a constituir um outro exemplo da destruição do mundo e de sua consumação. O fim da cultura, portanto, acompanharia o fim do mundo. Um mundo finito remete ao infinito das culturas, o esgotamento da natureza remete ao fortalecimento dessas culturas, que são a nossa natureza, nascidas da história, da vontade e da liberdade humana, impelidos que somos pela irreprimível necessidade da diferenciação dos indivíduos que vivem em sociedade. Sob esse prisma, difícil seria não levar em consideração que se confrontam duas concepções de cultura, uma de fundo intelectual, erudito e reservado, e outra de fundo essencialista. De duas, uma. Podemos conceber a cultura de dois pontos de vista diversos. Numa primeira hipótese, seria um detalhe da pessoa, mais ou menos à maneira de um fato pitoresco no desenrolar da marcha das sociedades humanas. Nessa acepção, provavelmente a cultura não passaria de um cenário de fundo onde é travado o único embate que importa: o conflito de interesses. Corresponderia a um hábito que se pode alterar, a um objeto de que nos podemos desfazer, cabendo unicamente a cada um o direito de escolher a forma de cultura que lhe apraz. Assim, por exemplo, alguém poderia ser atraído pela cultura chinesa ou cossaca, aprender a língua, os cânticos, ler os livros, adotar a culinária e os costumes. Talvez, ao cabo de alguns meses ou muitos anos, pudesse, então, considerar-se tão cossaco quanto um descendente dos varegues ou tão chinês quanto um camponês de Yunnan, recurvado sobre o arrozal, colhendo o arroz. Sob essa perspectiva, o mundo seria um conjunto de modelos à nossa disposição, cabendo-nos escolher o cardápio, efetivamente desejá-lo e, acessoriamente, pagar o estipulado. É o sistema *à la carte* de identidade. Nenhum incômodo, nenhum entrevero: cada qual se serve daquilo que lhe agrada. Numa segunda hipótese, seria uma particularidade essencial de todo ser humano, o modo como lhe foi dado conhecer o mundo, a base de tudo, a partir de seu nascimento, até os 3 ou 4 anos em que está no mundo – essência constitutiva das sociedades humanas. O indivíduo está *nesse* lugar, o indivíduo é *desse* lugar – não há escolha possível. Daí o engano desses jovens norte-americanos de Harvard ou de Stanford que se sujeitam ao complexo ritual da vestimenta indígena como traje de cerimônia, e que, por ocasião do *pow-wow* do verão, exibem diante da tribo os passos e as representações que pacientemente assimilaram durante o curso de um ano sobre as culturas indígenas norte-americanas na universidade. Tudo isso exprime apenas o sentimento de um insulto, de uma traição: as danças indígenas são propriedade dos indígenas. É uma outra forma de genocídio apropriar-se desses ritos para, em determinada ocasião, exibi-los em público, como pantomima estudantil. De forma semelhante, seria puro engano, pretensão e tolice imaginar que um cabila, bretão ou castelhano pudesse vir a ser cossaco ou chinês. Claro, conhecer a respectiva cultura desses povos, os seus elementos materiais constitutivos, que são passíveis de observação e transmissão a terceiros, significa dar mostra de um espírito erudito e penetrante. Tanto melhor. Contudo, tornar-se um cossaco ou um chinês, certamente não! Um camponês de Yunnan está mais impregnado de cultura chinesa do que o departamento de chinês do Collège de France. Analogamente, há mais substrato chinês numa estudante do instituto de diplomacia de Pequim do que num velho erudito missionário que viveu dez anos num campo de trabalhos forçados. Assim, também havia mais características do Tibete antigo no carregador e companheiro fiel de Alexandra David-Néel, nativo do país das neves, do que na erudita aventureira belgo-francesa.

No fundo, quem respeita mais a cultura: aquele que acredita que ela é aquilo que os seus instrumentos produzem ou aquele que vê nela uma condição essencial da identidade humana e tem consideração por aqueles que se dispõem a verter o próprio sangue por aquilo que julgam superior à sua existência, como também à existência do inimigo e à cultura deste? Os instrumentos da cultura-mundo têm isso de inquietante, pois se prestam a uma ilusão: a cultura passa a ser escolhida à maneira de quem apanha uma mercadoria na prateleira de um supermercado, ou como quem compra um sanduíche no McDonald's; é consumida como um DVD e se transforma rapidamente. Nesse jogo, um patrimônio humano considerável desaparece. Nesse jogo, um caminho de si para si mesmo e de si para os outros se esvai. Seria imprudente esperar algo diverso. Em consequência, é preciso usar de máxima prudência antes de atropelar, negar ou alterar as culturas constituídas. Assim, se temos como incontestável que a cultura é precisamente um elemento constitutivo, por assim dizer, de nossa natureza, é indispensável que saibamos avaliar os efeitos de nossos atos, o inesperado e a surpresa, antes de nos empenharmos em alterá-la.

Outro ponto. O advento da cultura-mundo provém de uma situação do mundo na qual o artifício de se ocultar, esquivar-se, desaparecer é impossível. Alguns anos após vir a lume, o título do livro *O mundo é plano* (de Thomas Friedman) está a caminho de se confirmar. Podemos, pois, tirar a conclusão de que o assunto encerrou-se, ou seja, a globalização já deu origem a todas as suas consequências, de modo que, daqui em diante, caminhamos para a unidade de um mundo comum, o qual também comportaria a unidade cultural, do homem pós-moderno, do protagonista econômico modelado pelo sistema, quer esteja em Xangai, Durban ou São Paulo. Sou totalmente cético a esse respeito. À medida que esse modelo (ou a sua representação) se difunde, suscita um movimento exatamente oposto: é o impulso da volta às terras de origem, da vida retirada, da busca identitária. Um exemplo característico é o da oposição visceral da maioria dos norte-americanos à reforma do sistema de saúde, enquanto, para nós (europeus), é algo que nem mais se discute. No âmago do próprio Ocidente, que ruptura, que distanciamento! Se o mundo é efetivamente *plano*, se nada mais nos resta fazer em termos de escolha, desejo e decisão, e somente acidentes, alívios e separações podem surgir, então o vasto campo da volição coletiva e das escolhas individuais e coletivas se acha aberto, pois será a vez de nos depararmos com o terreno da separação do mundo. Por maiores que possam ser a força dos meios utilizados e a intensidade da energia aplicada, jamais a cultura deixará de ser afastamento; nunca deixará de ser o meio para alguém diferenciar-se dos demais, e é graças a isso que cada um poderá sentir-se vivo. Não há cultura sem culturas, nem cultura sem tensão, sem confrontação, sem o sentimento intenso de si (justamente aquilo que nos proporciona a relação com o próximo), sem o enriquecimento da multiplicidade. A inquietação que se desvenda por detrás da tomada de consciência em relação à violência da eliminação das culturas provém do fato de que ela nos remete a uma violência simétrica, aquela da sobrevivência dos homens que não querem morrer e que sabem que, com a cultura, o que está em jogo é algo que os transcende por inteiro.

Saída ou aprofundamento da democracia?

Pierre-Henri Tavoillot – *Em continuidade à discussão, desejo que nos concentremos nas diferentes dimensões – de ordem política, econômica e técnica – desse "Ocidente globalizado". Comecemos, se preferirem, pela política: no entender de cada um, o fenômeno da cultura-mundo caracteriza-se por uma crise ou por um aprofundamento da democracia?*

Gilles Lipovetsky

Não sem motivo, os adversários da cultura-mundo valorizam como esta, mediante a hipertrofia dos mercados, funcionaria como máquina de despojamento democrático, privando o organismo estatal de verdadeiras margens de manobra. Desse ponto de vista, o mercado conspiraria contra a democracia, na qualidade de um poder da sociedade sobre ela mesma: hegemonia dos mercados financeiros, impotência do Estado democrático para dirigir e organizar a coletividade sem coação. Ascensão dos interesses privados e recuo da defesa do interesse geral ilustram também eficientemente a profissionalização e a fragmentação dos interesses particulares, a dilatação, a cacofonia e a concorrência dos *lobbys*, a serviço do mundo dos negócios. Em toda parte, os imperativos da falta de tempo e dos grandes grupos fazem com que os mecanismos das democracias caiam no imobilismo e na paralisia, na gestão da confrontação dos interesses privados.

Depauperamento do poder público que, nos países em desenvolvimento, conduzem à multiplicação das dilacerações étnico-nacionais. E, em nossas regiões, o complexo midiático-consumista dessora a democracia, recorrendo à política-espetáculo e promovendo o desinteresse dos cidadãos pela questão pública. Esses argumentos contêm a sua parcela de verdade; contudo, é preciso levar outros aspectos em consideração. Numa escala mundial, desde a erosão do império soviético, a "progressão" do modelo democrático vai se impondo como fator dominante. Já nos fins da década de 1990, dentre os 196 países que compunham o mundo, 118 eram democracias. Não há mais, no Ocidente, inimigos redibitórios da democracia. Jamais, de fato, esta se valeu de tal aura de legitimidade, de tal imagem favorável. Não obstante, toda pretensão triunfalista seria inoportuna. A China, que é o país mais povoado da Terra e o mais recente colosso econômico, continua nas mãos de um partido único, o Partido Comunista. E qual o gênero de democracia que se organiza pelo mundo, uma vez que o sufrágio universal não é, *per se*, sinônimo de instauração de um Estado de direito, separação de poderes e proteção das liberdades fundamentais? No fundo, não é o modelo ocidental de democracia que avança, e sim o modelo democrático não liberal. O diagnóstico de Fareed Zakaria é pertinente: a ideia democrática é cada vez mais admitida no mundo, porém o mesmo não se dá com o liberalismo constitucional.

Quanto ao dia de amanhã, será que um mundo regido pelas leis de mercado e pela expansão de informações fará avançar a causa das liberdades? No que concerne às liberdades econômicas, a resposta é afirmativa. Entretanto, no que diz respeito às liberdades civis e políticas, talvez as coisas caminhem noutra direção. É cedo, porém, para tirar conclusões seguras. Apesar de tudo, foram necessários mais de dois séculos para a instauração e a consolidação das democracias liberais. Malgrado a aceleração dos ciclos históricos, antes da fixação de um Estado de direito, com o correlato sistema de freios e contrafreios ao poder dos governos, eventualmente serão necessárias várias gerações. De resto, não podemos negar que os novos mecanismos de individualização e comunicação, consolidados ademais por um grau mais elevado de educação das populações, deverão favorecer, a longo prazo, um crescente respeito das liberdades pessoais, a difusão mais livre de informação e a instauração dos sistemas de freios e contrafreios. Claro, a *web* interativa não será capaz de criar a revolução radical (participação maciça, imediata e direta dos cidadãos) com que sonham alguns de seus propagandistas. Em todo caso, a democracia poderia abrir caminho para um aumento da qualidade dos governos representativos, tendo a atenção mais voltada para as necessidades de todo o conjunto da população (mediante consultas, petições, fóruns *on-line*). Isso possibilitaria o conhecimento de um maior número de projetos administrativos ou governamentais, desenvolvendo-se os mecanismos de vigilância da sociedade civil e incitando os órgãos públicos a tomar ciência de novas temáticas sociais.

No momento, a realidade é menos ideal. Assim, por exemplo, na China, os novos instrumentos de comunicação (internet) proporcionaram um teor de informação mais livre e diversificado (conforme atesta a nova estratégia de transparência comunicacional do governo chinês, por ocasião

140 A GLOBALIZAÇÃO OCIDENTAL

das rebeliões que ensanguentaram Ürümqi) sem que houvesse qualquer salto democrático em relação à liberdade dos cidadãos. E raras são as democracias não liberais que se transformam em democracias liberais. Nada nos assegura que a democracia ao estilo ocidental seja o epílogo da história, o seu horizonte inelutável. No entanto, somos facilmente levados a crer que o seu poder de atração deverá fortalecer-se sob a pressão dos vetores da cultura-mundo. As crescentes formas de interdependência e a abertura das novas gerações às democracias ocidentais poderão contribuir para a liberalização dos sistemas que excluem o Estado de direito. Aliás, numa visão de mais longo alcance, podemos imaginar um liberalismo econômico competitivo sem que haja uma evolução rumo a uma democracia pluralista? Embora a liberalização das democracias não constitua uma lei determinante da História, a cultura-mundo opera nesse sentido.

Hervé Juvin

De início, uma constatação: o Ocidente sai da democracia. Da eleição de George W. Bush ao referendo europeu, da criação do delito de opinião à multiplicação das autoridades independentes, como a Halde, cuja missão consiste em mudar o povo, já que o povo nem sempre está em consonância com a ideia que dele fazem os bons pensadores, a pós-democracia está em marcha. A evolução do Partido Socialista da França, assim como a do debate político nos Estados Unidos, indicam os contornos de uma evolução que vai do projeto à emoção, das proposições à compaixão, da convicção à sedução. Compete-nos, pois, tomar cuidado com a utilização de palavras cujo sentido inicial não há quem deseje restaurar: a democracia correspondeu a um surto revolucionário; a democracia serve para que as classes dirigentes a manipulem em seu favor, para consolidarem-se em suas posições e haveres contra os forjadores de tumultos e motins. Em nome da democracia, no interior da União Europeia, o delito de opinião e o dever de resgatar a memória do passado coexistem amigavelmente; a censura das ideias e a coerção do debate e das coordenadas informativas (em matéria de demografia, por exemplo) são imprescindíveis. Cá e lá aflora a ideia de que o perigo do sufrágio popular deveria levar à limitação do voto, ou a "liberar" os cidadãos desse encargo. Peter Handke convida-nos a suprimir a noção de povo; Daniel Cohn-Bendit, a rejeitar o sufrágio universal; Pierre Rosanvallon, a superar a equiparação ingênua entre a expressão da maioria e a democracia. Por sua vez, as autoridades administrativas independentes prosperam obrigando o povo a tomar posições contrárias à sua vontade, em nome de um conceito mais elevado de democracia. Por que votar se o resultado das eleições, seja qual for, não tem nenhuma importância? O circuito midiático quase nada tem a ver com uma saída da democracia, subserviente por inteiro à nova heteronímia instaurada pelos mercados financeiros e pelo individualismo extremado.

Para ir direto ao ponto, não há democracia sem a circunscrição de uma sociedade humana que se atribui leis em um espaço demarcado por uma fronteira, e que distingue entre os seus e os outros. É isso propriamente a autonomia, ou seja, a capacidade de que goza o grupo social de formular, debater e obedecer às suas leis, sem a interferência de nenhuma outra instância extrínseca. Tampouco existe democracia sem controle dos intercâmbios, tanto dos homens como dos capitais, dos bens e serviços como das representações, que assegurem a primazia da sociedade sobre a economia, determinando o lugar que compete ao negociante e ao banqueiro, essas duas ameaças que pairam constantemente sobre a segurança individual e a unidade social, e, sobretudo, que tornem possível a unidade interna mediante as permutações escolhidas. Conceber assim a democracia significa compreender até que ponto – há uma geração, pelo menos – a nossa existência se desenrola sob o bafejo de uma nova heteronímia, que é a dos mercados financeiros. A respeito destes, ninguém ousaria afirmar, em nossos dias, que sejam a expressão de escolhas livres e conscientes, feitas por cada um dos protagonistas da economia, de tal modo as várias formas de sociedade contemporânea imolaram a própria autonomia no falso altar do progresso, graças ao mito do crescimento indefinido, e tudo sob a égide do novo regime de verdade, caracterizado pelo valor de mercado, contrato, concorrência e conformidade. Desse ponto de vista, a cultura globalizada segundo os moldes ocidentais, de fato, seria uma nova forma de totalitarismo econômico, cujas devastações – exercidas aqui e ali, em nome do desenvolvimento, de onde provém o impulso destruidor do mundo – proclamam a violência. Totalitarismo caracterizado pela instauração de um modelo único, à maneira do totalitarismo de Estado do antigo império soviético – totalitarismo da sociedade por ações, regida por um só critério de análise, que é o do valor do mercado, por um sistema de medida universal, que é o do rendimento para o acionista (ROE – *Return on Equity*). Trata-se de um totalitarismo que, vinte anos depois, acaba de produzir um efeito simétrico àquele provocado pela queda do Muro de Berlim. A crise que enfrentamos

142 A GLOBALIZAÇÃO OCIDENTAL

constitui a primeira manifestação da inevitável explosão do modelo único de financiamento. Provavelmente, os próximos solavancos advirão dos recém--convertidos à cultura do Ocidente financista – da China, por exemplo –, suscitando, cedo ou tarde, a contrarreação violenta em defesa da primazia da sociedade sobre as imposições do mercado e da economia, como também contra os invisíveis manipuladores dessa trama. Alguém ignorará, por exemplo, que a Goldman Sachs é hoje a primeira potência mundial?

Como primeira consequência, deduzimos que haverá um realinhamento do percurso da história. A democracia, tal qual a conhecemos, não é certamente a derradeira etapa da história política, e são certamente legítimos os regimes pós-democráticos, que farão aparecer formas inéditas de regime político. Uma consequência ainda mais concreta: diferentes regimes políticos continuam a estabelecer entre si termos de comparação, de concorrência, até de confrontação, ainda que todos teçam loas à democracia. As tradições nacionais constituem a linha demarcatória, algo que a teoria política não explica suficientemente. Para se persuadir de que as culturas permanecem, basta que um europeu procure compreender como certos estrangeiros – esses indivíduos de outro mundo, denominados norte--americanos – encaram o seu sistema de saúde...

Por fim, sobrevém a consequência de que todo país que deseja aprofundar a integração do maior número de pessoas nas decisões políticas de âmbito nacional e consolidar a autonomia de decisão de seu povo não pode mais se satisfazer com uma adaptação local das formas democráticas geralmente utilizadas alhures. Na melhor das hipóteses, a aclimatação pode ser inadequada; na pior, destrutiva. Ao contrário, em relação a cada país, trata-se de escolher – quiçá com base em experiências exteriores, mas, em primeiro lugar, com base em realidades étnicas, culturais e sociais de cada povo – a forma de regime mais conveniente.

O mundo globalizado ainda é uma realidade?

Vincent Giret – *Desejo indagar a respeito de um assunto que ambos mencionaram, o propalado desenvolvimento surpreendente da internet. Jamais uma tecnologia se difundiu tão rapidamente. Hoje existem mais internautas chineses do que norte-americanos. O que a web põe em funcionamento são duas coisas contraditórias. De um lado, uma homogeneização de formatos, linguagens, formas de narrativa, descrições – há padrões válidos para todos os idiomas, tanto para o inglês como para o árabe, o chinês ou o persa –, vídeos muito curtos, uma grande presença lúdica etc. De outro, presenciamos uma adaptação das técnicas gerais às redes locais, às línguas e às culturas particulares. Em resumo, ao mesmo tempo, estamos todos conectados e na "solidão interativa". Como os senhores veem essas dimensões aparentemente contraditórias?*

Gilles Lipovetsky

É verdade que a era da conexão generalizada vem acompanhada de um sentimento de solidão crescente. Entretanto, inúmeros são os sinais que apontam em sentido contrário à tese da "solidão interativa", que corresponderia a uma existência hipermoderna digitalizada, centrada em si, sem vínculos humanos. À medida que se multiplicam os instrumentos de telepresença e de comunicação virtual, novas formas de sociabilidade vêm à luz: indivíduos que procuram manter contato com outros, que se sentem úteis por meio do voluntariado ou da vida associativa. Nunca houve tanta comunicação à distância, nunca houve tantas associações e grupos beneficentes. A internet e as mídias mais abrem caminho para uma empatia de massa em favor dos desamparados do que provocam nossa separação dos outros. Prova disso são os impulsos de solidariedade e generosidade sem precedentes, ainda que fortuitos. Cada vez mais pessoas conjugam dois modos de vida, *on-line* e fora da internet. Muitos utilizam a internet para conhecer o mundo, encontrar-se, ampliar o seu círculo de relações, à busca de um interlocutor. Mesmo considerando que existem fenômenos de vício que podem pôr em risco o relacionamento interativo, revela-se uma acentuada tendência em conhecer novas pessoas, organizar saídas com amigos, participar de corais, festivais, festas em geral. Claro, as antigas sociabilidades de proximidade natural se desagregam. No entanto, isso ocorre em favor de vínculos sociais escolhidos e transitórios, em conformidade com uma cultura de indivíduos que se reconhecem como livres.

Hervé Juvin

O esvaziamento da realidade do mundo é um fenômeno que toma vulto. De certo modo, afigura-se algo absolutamente inevitável. O mundo é valioso, pequeno, estimado, e a maior migração que nos aguarda é a dos pobres na esfera virtual. Passeios, férias, encontros, tudo se fará pela tela. O elogio universal da internet prepara para trilharem esse caminho gerações de jovens que só conseguem ter aversão pela realidade da história, da Terra, da natureza humana, do envelhecimento. A universalização do modelo ocidental não é estranha a essa concepção prometeica: o sonho do novo homem está sempre presente em nossa natureza. A cultura que dimana da globalização intenta persuadir-nos de que cada um de nós pertence a uma espécie de terra de ninguém, e que, portanto, falar em origens, raízes e vínculos seria incorreto e um tabu. Isso faz parte desse estado de abulia social, que caracteriza as gerações mais jovens, e aqueles que cedem ao seu encanto, potencialmente capazes de enumerar direitos, mas radicalmente incapazes de se questionar sobre aquilo que torna os seus direitos efetivos e sobre o que é a história, o sacrifício daqueles que porfiaram e trabalharam para que tais direitos se pudessem exercer em favor de seus filhos ou assemelhados, e igualmente incapazes de distinguir a cultura particular que confere sentido a esses direitos. De modo especial no âmbito da economia, essa perda do senso das realidades é sensível e inquietadora. Sob o invólucro do livre intercâmbio e da abertura em escala universal, o preço de mercado, a cotação da bolsa e o ROE tomaram por inteiro o lugar de toda análise de caráter profissional, de todo critério de isenção, em termos de utilidade, e de toda avaliação objetiva dos produtos ou dos serviços de uma empresa. Até aqui, era de praxe fazer o cômputo do número de automóveis que saíam das fábricas, assim como do total de apartamentos e edifícios construídos, ou da provisão de iogurtes para as prateleiras dos supermercados. Doravante, o que importa são preços, cotações e dividendos, de modo que a banalização das empresas é imposta pela psicose financista do mercado. Afinal, só conta aquilo que se pode avaliar em números. Tal dissociação entre a atividade econômica e a sua utilidade (nesse sentido, a margem de lucros bancários é um símbolo altamente expressivo) leva-nos a entrar em choque com o viés artificioso das convenções liberais, com a manipulação constante dos preços e cotações (a cargo de intermediários suspeitos). Em última análise, tudo nos induz a uma confrontação com a saída da globalização financeira que se prenuncia, a qual é uma condição para o retorno ao mundo real.

O capitalismo tecnológico e os confins da Terra

Francis Rousseau – *Não creio que a globalização seja uma marca distintiva do Ocidente. Na aparência, sem dúvida, seria precisamente isso. Contudo, creio tratar-se de algo que oculta um fenômeno mais profundo, o qual, por sua vez, anuncia reagrupamentos conflitantes acerca de novos valores e de novas identidades. Embora assuma a feição de um processo ocidental, a globalização talvez represente o toque de finados do próprio Ocidente, sua marginalização de natureza política, econômica e cultural. Essas oposições me parecem incontornáveis, pura e simplesmente porque os homens serão numerosos demais sobre a superfície de um planeta diminuto, no qual a rarefação se vai delineando.*

Gilles Lipovetsky

Conviria, a meu ver, usar de cautela quando nos referimos à "marginalização do Ocidente". Verdade é que, de um lado, num universo que se tornou policêntrico, o Ocidente já não detém o monopólio da modernidade econômica, política, técnica ou científica – o que é algo bem diverso. De outro, desde Malthus, não faltam Cassandras apregoando a impossibilidade da Terra de dar sustento a uma população cada vez maior. Há quem diga que, em 2050, aproximadamente 3 bilhões de indivíduos sofrerão com a escassez de água. Será exato o prognóstico? Cabe-me asseverar que esse tipo de argumentação que subestima o potencial da inteligência humana e as inovações em matéria de recursos técnicos e científicos não me convence. Nada sabemos acerca do que o engenho da técnica ou da ciência será capaz de engendrar no futuro. Quem, por exemplo, no século XIX, seria capaz de prever que seria possível alimentar mais ou menos 5 bilhões de pessoas um século mais tarde? Ademais, ainda que as energias fósseis sejam limitadas, o mesmo não sucede no que toca às energias renováveis. Se as medidas de contenção de energia são úteis e necessárias para enfrentar as limitações de nossos recursos naturais, são ainda mais importantes as medidas políticas em prol da educação, do saber e das ciências. Para dar resposta ao desafio dos 9,5 bilhões de seres humanos previstos para a metade deste século, devemos contar muito mais com um investimento maciço na inteligência científica e técnica do que com uma bastante improvável contenção dos desperdícios de nossos recursos naturais. O problema crucial do momento não é a superpopulação da Terra – basta lembrar que os índices de fertilidade quase caíram pela metade em 50 anos. É, isto sim, a disparidade na produção e na distribuição das riquezas. Quanto aos conflitos que surgem em nossos dias nas extremidades do globo, mais propriamente constituem, na maioria das vezes, guerras travadas no interior das nações do que embates com ini-

146 A GLOBALIZAÇÃO OCIDENTAL

migos externos. E suas raízes se acham mais fincadas nas ideologias e nos enfrentamentos de ordem cultural do que nos limites físicos da Terra. Aliás, é impossível não perceber que o terrorismo internacional praticamente não tem nexo com o fenômeno da presumida escassez de solo para ocupação.

Hervé Juvin

A globalização, isto é, a difusão em escala mundial do sistema de mercado e do modelo de crescimento ilimitado, é a lógica da guerra de todos contra todos, à procura dos últimos recursos disponíveis. Quer pela apropriação daquilo que pertence a outros, quer pela invasão dos territórios mais providos de recursos, estamos às vésperas de conflitos legítimos entre aqueles que só desejam sobreviver. Esse cenário equivale a uma justa contrarreação à mobilização forçada dos recursos do mundo pelos banqueiros e homens de negócios ocidentais, à qual a descolonização proporcionou um ímpeto inesperado. Aliás, convém ter em mente que o princípio da exceção cultural foi acolhido pelas Nações Unidas contra a vontade de dois países: Estados Unidos e Israel! O efeito imprevisto do desenvolvimento industrial, das novas tecnologias, bem como de sua difusão tão rápida, reside no fato de recolocar a massa progressivamente em contato com o poder. Eis o ponto de inflexão. Será preciso aventar a possibilidade de um mundo chinês, indiano, uma vez que logo nos defrontaremos com essa situação. E, de modo especial, será preciso imaginar como contabilizaremos as promessas que nos foram feitas, mediante incitações ao desenvolvimento, sermões democráticos e humanitários. Porque essas promessas não serão cumpridas. Sob esse prisma, num prazo relativamente curto (isto é, nos próximos cinco ou dez anos), não paira nenhuma dúvida de que o espectro das estimáveis novidades se perfila diante do crescimento da China, da Índia e de tantos outros. Esse muro somente será transposto pacificamente por meio de revoluções energéticas, verdes etc., que levarão tempo para se desenvolverem. Um risco se faz presente: que o muro seja vencido pela confrontação e monopolização dos recursos por parte dos mais fortes. É o conhecido cenário dos norte-americanos apossando-se do petróleo e do gás iranianos e sobretudo o cenário da colonização chinesa na África, assim como da mobilização brutal e destrutiva de todas as riquezas de países à deriva. Nessa direção, a China parece haver compreendido que deveria debelar a destruição de seu patrimônio natural em suas terras, tendo-se engajado, pois, numa alucinante corrida à busca de garantias em outros lugares. Nesse domínio, convém ser otimista a longo prazo (sim, é claro, sabemos produzir um mundo sadio, benevolente, amigável) e prudente a curto prazo (todas as razões para a confrontação pelos últimos recursos disponíveis existem).

O Ocidente detém o monopólio sobre a cultura-mundo?

Pierre-Henri Tavoillot – *Será que "globalização" significa necessariamente ocidentalização do mundo? Dito de outro modo, a globalização será um processo consagrado a ser imposto, a partir do exterior, às sociedades tradicionais?*

Gilles Lipovetsky

A primeira globalização caracterizou-se por uma ocidentalização forçada, imposta a partir do exterior por meio de operações militares, conquistas territoriais, uma administração colonial. O mesmo não acontece com a cultura-mundo. Esta exerce um poder de atração por si só, pouco importando a hostilidade que venha a gerar. A ciência, a alta tecnologia, o consumismo, a mídia, os direitos humanos – enfim, todos esses núcleos da cultura-mundo não se propagam por obra da imposição ocidental e norte-americana, em particular. Nas sociedades amplamente desenraizadas de suas tradições e individualizadas ao máximo, esses elementos capitais da cultura-mundo possuem um valor intrínseco: representam mais propriamente uma esperança de viver melhor e um sonho de futuro promissor do que o espectro de uma dominação europeia e norte-americana. Como deixar de ver que não existem outras vias construtivas? Haverá quem não aspire aos bens da sociedade de consumo, à elevação de seu nível de vida? Para além da escamoteada violência que comportariam os dispositivos da modernização e a "ditadura das leis do mercado", a cultura-mundo possui um tremendo poder de sedução ou de fascinação universal. E a ojeriza ao Ocidente norte-americanizado não se separa de um desejo de adentrar, em igualdade de condições, na dinâmica da modernização. Esse poder de atração é tanto mais forte pelo fato de não impor a erradicação de todas as diferenças culturais. Não é do substrato cultural do Ocidente que o conjunto do mundo deseja apropriar-se, mas dos instrumentos universais que conseguiu pôr em funcionamento e que, apesar de tudo, permitirão que cada um venha a sentir-se à vontade na própria pele.

Hervé Juvin

Será que entraremos em entendimento para desfechar numa conclusão? Gilles tem razão quando faz notar a formidável ambivalência dos movimentos de amor e ódio postos em ação na atualidade. Quanto à ambivalência dos meios e das técnicas, nada mais há que demonstrar. A pá que serve para cultivar o jardim também pode ser um instrumento mortífero. O Ocidente que desencadeou a cultura-mundo e a globalização econômica está tonto diante dos monstros que criou. Eis porque o período que se inaugura (o da saída da crise) é apaixonante. Que farão China, Índia, Brasil, Indonésia, os países que mal sentiram a crise passar e que ascendem ao nível de potências mundiais, em face das ferramentas que lhes foram impostas, das quais foram aos poucos se apropriando, e que vão adaptar aos seus interesses e às suas peculiaridades? Nisso tudo há colossais incógnitas, riscos inequívocos, mas um interesse enorme. Muito depressa iremos mudar nossas configurações do mundo, redescobrir a geografia e reaprender a história. Deveremos brutalmente aceitar o que as empresas de porte mundial, como a Walmart e a Danone, sabem tão bem: um cliente de São Paulo difere muito de um cliente de Hanói, que, por sua vez, também difere muito de um cliente de Pézenas, o qual não difere menos de outro, de Maputo. Diante da história, que retoma o seu curso anterior; das separações, que voltam a representar distâncias; das fronteiras, que reconstituem o interesse e o sabor das realidades específicas do mundo – em face desse quadro, afinal, iremos retornar aos tempos do velho debate da Escola de Mileto e dos filósofos pré-socráticos, quando formulavam as clássicas indagações acerca do mesmo e do outro, do uno e do múltiplo, à medida que o espectro da unidade do mundo se afastar de nossas vistas, em meio aos caminhos carregados de sofrimentos e alegrias que se misturam.

Entre os participantes da discussão:
Vincent Giret é diretor da redação da France 24.

Francis Rousseau é presidente do Eurogroup e do Eurogroup Consulting Alliance.

Eric Deschavanne é secretário-geral do Collège de Philosophie.